생생한
LIVE 중국어
4

www.shinasa.co.kr
음성파일
MP3
무료다운로드

신아사

진광호

부산외국어대학교 중국학부

주홍

부산외국어대학교 중국학부

송지현

부산외국어대학교 중국학부

생생한 LIVE 중국어 4

초판 1쇄 발행 _ 2016년 7월 30일

저　　자 • 진광호 · 주홍 · 송지현
발 행 인 • 정 현 걸
발　　행 • 신 아 사
인　　쇄 • 토탈프로세스
출판등록 • 1956년 1월 5일 (제9-52호)
주　　소 • 서울특별시 은평구 통일로 59길 4
전　　화 • 02)382-6411 · 팩스 02)382-6401
홈페이지 • www.shinasa.co.kr
E-MAIL • shinasa@daum.net

ISBN 978-89-8396-939-2 (93720)

정가 *15,000*원

머리말

원래 계획했던 "Live 중국어" 시리즈 4권이 7월에 "Live 중국어 Ⅳ"를 정식 출간하게 됨에 따라 몇 년간의 작업이 마무리를 짓게 되었습니다. 당초 목표로 했던 '생생함'이나 '대중성', '초급자와 선행 학습자를 모두 만족시킬 수 있는 내용', '체계적 내용' 등등에 충실하고자 시작부터 많은 욕심을 부려보았지만 과연 얼마나 원래 목표치에 도달했는지 자꾸 되돌아보게 됩니다. 그래서 마무리 하게 되면서도 시원함보다는 오히려 아쉬움이 더 크게 남는 것 같습니다.

아무튼 계획했던 4권을 모두 출판을 할 수 있게 되어 무척 다행스럽게 생각합니다. 본 "Live 중국어 Ⅳ"는 "Live 중국어 III"보다는 좀 더 고급으로 향한 단계라 할 수 있을 것입니다. 전체적 기본 패턴은 모두 같으나, "III"보다는 문장의 수준과 길이, 어휘와 어법 등급, 단원의 내용도 한 차원 더 높여 고급을 지향하는 학습자들의 수준에 맞추도록 노력하였습니다. '주요 표현과 어법' 부분도 가능한 이해가 편하도록 공식화하였고, 학습자가 회화와 어법, 문장 분석 능력과 어휘 활용을 동시에 학습하고 연습할 수 있도록 구성하였습니다. 지면 교재가 갖는 한계성 때문에 다양한 매체를 이용한 학습법을 활용할 수는 없었지만, 앞으로도 보다 많은 노력으로 다매체를 접목시킨 더 효율적인 교재가 만들어질 수 있도록 노력할 것입니다.

또한 우리 교재가 국내에서 드물게 보는 단계별 시리즈 교재로서 향후 국내에서 중국어 학습자를 위한 더 높은 수준의 단계별 교재가 만들어지는 데 밑거름이 될 수 있기를 기대도 해봅니다.

비록 이 4권의 "생생한 Live 중국어" 시리즈는 이렇게 마감을 하지만 앞으로도 저희는 집필진을 더 보강하여 현실에 맞는 '말하기'와 '읽기' 교재의 개발에 더 많은 노력을 할 것입니다. 부디 독자 여러분들의 애정 어린 관심과 따뜻한 조언을 부탁드립니다.

끝으로 본 "생생한 Live 중국어" 교재의 출간을 위해 끝까지 물심양면으로 많은 노력과 지원을 아끼지 않으신 [도서출판] 신아사 여러분들께 진심으로 깊은 감사의 말씀을 드립니다.

2016년 7월

집필진 일동 拜上

CONTENST

이 책의 구성

1 새로운 낱말

본문에 나오는 새 단어와 구에 해당하는 어휘의 발음과 의미를 제시하였다.

2 표현 익히기

대화의 언어 환경을 고려하여 필수적으로 익혀야 할 표현들을 주로 다루며, 이들 표현에서 틀리기 쉽거나 어려워하는 어휘로 문장을 구성할 수 있도록 구성하여 학습자가 주요 표현을 반드시 익히고 본문을 배울 수 있도록 구성하였다.

3 단어 · 주요표현 및 문법

본문에서 다루어진 필수적인 문법항목과 그 문법항목을 활용 시 필요한 단어나 주요 표현을 본문보다 먼저 배우고 본문을 배울 수 있도록 구성되어 있다. 이와 같이 수업이 진행된다면 문법도 효율적으로 익히고 본문에서 활용할 수 있으리라 여겨진다. 이 부분이 본 교재의 장점이다.

4 본문

중국어로 의사소통 할 때 가장 필수적이면서 자주 사용되는 표현들을 주제별로 구성하여 본문을 구성하였다. 주제에 따라 본문의 2단원으로 구분하여 상황에 맞게 회화를 구성하였다.

5 연습문제

연습문제는 일반연습(연습하기)과 심화연습(workbook) 두 부분으로 나누어진다.

듣기, 말하기, 읽기, 쓰기 등 언어의 4가지 기능을 골고루 고려하여 본문내용을 토대로 연습이 이루어지고, 문화요소를 고려한 문제를 심화연습에 적절히 배정하였다.

학습목표

	주요 표현	문법 포인트
제 1 과	你暑假过得怎么样? 여름 방학 어떻게 보냈어요?	
학습 목표	예시표현 비교표현 가설표현 결론 혹은 분석표현	“比如说” “和~相比” “否则” “也就是说”
제 2 과	我租到了不错的房子。저는 괜찮은 집을 얻었어요.	
학습 목표	처리표현 1 선택표현 결과표현 1 처리표현 2	동사 “弄” “与其~不如~” 결과보어 “到” 동사 “办”
제 3 과	韩国人过秋夕节, 中国人过中秋节。한국인은 추석을 지내고 중국인은 중추절을 지냅니다.	
학습 목표	정도심화표현 상태지속표현 조건표현	부사 “好不容易” “동사+着” “无所谓” “不管~还是~”
제 4 과	戒烟可不是容易的事。금연은 쉬운 일이 아니에요.	
학습 목표	방향보어의 파생의미 1 전환표현 판단표현 1 당위표현	“下去” “反而” “看来” 조동사 “得”
제 5 과	你投了多少份简历? 당신은 이력서를 얼마나 넣었나요?	
학습 목표	 점층표현 계획표현 당위표현	“睡也睡不着”구조 접속사 “何况” “打算” “应该
제 6 과	复习	
학습 목표	1 ~ 5과의 표현을 복습하기	1 ~ 5과의 문법을 복습하기

	주요 표현	문법 포인트
제 7 과	这家餐馆的中国菜很地道。이 식당에서는 본고장의 중국요리를 맛볼 수 있어요.	
학습 목표	비교표현 관용표현 1 판단표현 2 관용표현 2	접속사 "而" "不在话下" 동사 "根据" "心里有底儿"
제 8 과	中国的名山大川数不胜数。중국에는 이름난 산과 강이 셀 수 없이 많아요.	
학습 목표	가치표현 자격표현 강조표현 방향보어의 파생의미 2	조동사 "值得" "以~著名" "那才~" "~上"
제 9 과	中国游客增加影响到的不仅仅是旅游业。	중국 여행객의 증가는 여행업계에만 영향을 주는 것이 아니에요.
학습 목표	피동표현 비율표현 목적표현 1	"非但~反而~" 동사 "受~" "百分之~" "以便~"
제 10 과	什么时候能吃你们的喜糖呢? 언제 당신들의 결혼사탕을 먹을 수 있을까요?	
학습 목표	결과표현 2 유일조건표현 결과표현 3 과거경험표현	시간과 장소를 나타내는 보어들 "除非~" "因此" "曾~过"
제 11 과	这是中国网络上的流行语。이것은 중국 인터넷 상의 유행어에요.	
학습 목표	결과표현 4 목적표현 2 가능표현 비교와 선택표현	"동사 / 형용사+得+谁+어떠하다"구조 "以免" "~得了 / ~不了" "不如"
제 12 과	复习	
학습 목표	7 ~ 11과의 표현을 복습하기	7 ~ 11과의 문법을 복습하기

일러두기

1 이 책은 한국을 배경으로 실제 대학생을 주인공으로 하여 구성되었다.

2 등장인물

강한빈(姜韩斌) : 한국인, 창원거주.
김지은(金知恩) : 한국인, 부산 해운대 거주.
이 준(李 俊) : 중국인, 북경에서 한국으로 유학 온 유학생.
전공- 국제 무역, 기숙사 거주
오소영(吴小莹) : 중국인, 상해에서 한국으로 유학 온 유학생.
한국어 연수, 기숙사 거주.

3 주요 상황

새 학기가 시작되고 다들 모여 방학을 어떻게 보냈는지에 대해 서로 얘기한다. 지은이는 인도로 자원봉사를 다녀왔고, 소영이는 롯데백화점에서 아르바이트를 했다. 한편 룸메이트와 생활패턴이 맞지 않아 고민하던 준이는 한빈이의 권유로 새로운 집을 구하게 된다. 추석을 맞아 서로 한국과 중국의 추석분위기에 대해 얘기를 나누기도 하면서 즐겁게 학교생활을 누리다 문득 졸업식이 다가오자 다들 졸업 후의 취직문제에 대해 고민하기 시작한다.

중국어의 품사는 다음과 같이 약자로 표시한다.

약자	품사	약자	품사	약자	품사
명	명사	접	접속사	양	양사
고유	고유명사	대	대명사	조	조사
형	형용사	의대	의문대명사	조동	조동사
동	동사	전	전치사	감	감탄사
부	부사	수	수사	어기	어기조사

생생한 LIVE 중국어 4

www.shinasa.co.kr

음성파일 MP3 무료다운로드

01

你暑假过得怎么样?

여름방학 어떻게 보냈어요?

학 습 목 표

예시표현	"比如说"
비교표현	"和……相比"
가설표현	"否则"
결론 혹은 분석표현	"也就是说"

새로운 낱말

任务	rènwu	명 책무, 임무
经历	jīnglì	명 경력, 경험
官方	guānfāng	명 정부당국, 공용, 공식
影响	yǐngxiǎng	명 영향
报道	bàodào	명/동 (뉴스 등의) 보도 / 보도하다
晒黑	shàihēi	동 햇볕에 타다, 그을리다
感慨	gǎnkǎi	동 감격하다, 감개무량하다
指	zhǐ	동 가리키다, 지시하다
想像	xiǎngxiàng	동 상상하다
沟通	gōutōng	동 소통하다, 의견을 나누다
问候	wènhòu	동 안부를 묻다
吃惊	chījīng	동 놀라다
加班加点	jiābānjiādiǎn	동 초과근무하다
相似	xiāngsì	형 닮다, 비슷하다
迅速	xùnsù	형 신속하다, 재빠르다
多样	duōyàng	형 다양하다

새로운 낱말

单一	dānyī	형 단일하다
单调	dāndiào	형 단조롭다
丰富多彩	fēngfùduōcǎi	형 풍부하고 다채롭다
光	guāng	부 단지, 오로지, 다만
幸好	xìnghǎo	부 다행히, 요행으로
相对	xiāngduì	부 상대적으로
亲眼	qīnyǎn	부 직접 자신의 눈으로
否则	fǒuzé	접 만약 그렇지 않으면
巴黎	Bālí	고유 파리(Paris)
伦敦	Lúndūn	고유 런던(London)
大开眼界	dàkāiyǎnjiè	견문을 넓히다
地大物博	dìdàwùbó	땅이 넓고 생산물이 풍부하다
抢购一空	qiǎnggòuyìkōng	다 팔리다
做生意	zuòshēngyì	장사를 하다, 사업을 하다
占~比例	zhàn~bǐlì	비율을 차지하다

표현 익히기

주요 표현을 함께 만들어 보아요.

1

다행히 영어는 인도의 제2공용어여서, 영어로 의사소통 하는 것은 문제없어요.

______ 英语在印度是第二官方语言, 用英语沟通没有问题。

Xìnghǎo

2

다른 나라에 가서 직접 볼 때에, 비로소 세상이 다채롭고 풍부하다는 것을 알게 될 거에요.

要 ______ 去别的国家看看，才知道世界有多 ______ 。

qīnyǎn　　　fēngfùduōcǎi

3

저는 몇 년 전 공항에서 들었던 것이 모두 일본어로 고객의 안부를 묻는 말이었다는 것을 기억하고 있어요.

我 ＿＿＿ 几年前在机场听到的都是用日语来 ＿＿＿ 乘客的。

jìde　　　　　　　　　　wènhòu

4

나도 중국손님이 어찌 그리 많은가에 놀랐어요.

我也很 ＿＿＿ 中国客人 ＿＿＿ 那么多。

jīngyà　　　　　　　　zěnme

주요표현과 문법 1

1. 예시표현 : “比如说”

“**比如**”는 부사로 “예를 들어 설명한다”는 뜻이다. “**比如说**”는 “**比方说**”로도 표현할 수 있다.

比如说语言方面, 在印度人们使用多种不同的语言。

除了英国和法国, 还有很多欧洲国家都值得一游, **比如说**希腊、意大利、尔兰、丹麦等。

韩国有很多文化都很独特, **比如说**泡菜、韩服、四物乐舞等。

东亚有很多国家都使用或使用过汉字, **比如说**日本、韩国、越南等。

2. 비교표현 : “和~相比”

“**和~相比**”는 비교문 앞에 쓰여 서로 비교되는 대상을 나타낸다. 즉 “~와 비교해서”의 뜻이다. 뒷 문장에는 주로 “**更**”, “**还**” 등의 부사들이 함께 사용된다.

和中国**相比**, 印度的宗教**更**多样, 对人们生活的影响也**更**大。

和日本菜**相比**, 我觉得韩国菜**更**好吃。

和美国**相比**, 中国的人均收入**还**相当低。

跟你的汉语水平**相比**, 我**还**差得远呢。

본문 ①

(새학기가 시작되고, 소영이와 지은이가 만났다)

金知恩　：小莹, 好久不见！

吴小莹　：是啊, 好久没见到你了。你是什么时候从印度回来的？

金知恩　：上周回来的。

吴小莹　：你的印度之行怎么样？

金知恩　：在印度一个多月, 没怎么观光, 主要是去做义工, 所以很忙。

吴小莹　：看你都晒黑了, 一个月很辛苦吧。

金知恩　：辛苦倒没什么, 这一个多月的经历让我很感慨！

吴小莹：你指哪些方面？

金知恩：两年前我也去过中国的好几个地方，觉得大开眼界，这次在印度也有相似的感觉。和中国一样，印度也是地大物博，人口众多，经济发展迅速，文化也很多样。

吴小莹：不同的是什么？

金知恩：比如说语言方面，虽说汉语也有不同的方言，

但是在印度光主要的语言就有一百多种，更小的语言有上千种。

吴小莹：哇！很难想像。

金知恩：幸好英语在印度是第二官方语言，一般情况下用英语沟通没有什么问题。

又比如说宗教方面，我觉得宗教在现代中国人的社会生活中占的比例不太大。和中国相比，印度的宗教更多样，对人们生活的影响也更大。

吴小莹：中国有句古话，"读万卷书不如行万里路"。

金知恩：对呀，我对这句话也深有感触。

韩国是单一民族国家，因此我们对语言文化的体验也就相对单调一些，要亲眼去别的国家看看，才会知道世界有多丰富多彩。

宗教
印度
中国

주요표현과 문법 2

1. 부정적 가설표현 : “否则”

“否则”는 “그렇지 않았다면”의 의미이다. 앞 문장과 상반되는 가설을 나타내며, 뒤이어 그러한 가설 아래 발생할 수 있는 상황이 표현된다.

巴黎的旅游业也开始在周末加班工作, **否则**的话中国游客都要跑去伦敦旅游了。

我们一定要9点以前出发, **否则**就赶不上火车了。

我们要加班加点准备更多的商品, **否则**第二天就会供不应求。

一定要带上指南针, **否则**会迷路的。

2. 결론 혹은 분석표현 : “也就是说”

“也就是说”는 뒷 부분의 진술이 앞 부분에서 표현한 상황의 결론이나 또는 좀 더 진일보된 분석임을 나타낸다.

也就是说, 现在全世界都在抢做中国游客的生意。

很多商品都被抢购一空, **也就是说**供不应求。

我们的对手都是清华北大的高材生, **也就是说**, 我们很难取得胜利。

读万卷书不如行万里路, **也就是说**, 读书重要, 亲身的体验更重要。

본문 ②

金知恩：小莹，你暑假过得怎么样？

吴小莹：我每天在乐天免税店打工。

金知恩：夏季中国游客那么多，免税店的工作也一定很忙吧。

吴小莹：刚开始我在海云台的免税店上班，还不是太忙。
后来到机场免税店，就特别忙了。

金知恩：我记得几年前在机场听到的都是用日语来问候乘客的，现在全变成“你好”，“你好”了。

吴小莹：我也很惊讶中国客人怎么那么多。有时候很多名牌被抢购一空，我们就要加班加点，为第二天准备更多的商品。

金知恩：我看到一则报道，说是在法国人们很少在周末工作，但是现在巴黎的旅游业也为了中国游客开始在周末加班工作，否则中国游客都要 跑去伦敦旅游了。也就是说，现在全世界都在抢着做中国游客的生意。

吴小莹：是呀，在韩国中国留学生打工的机会也多了。

金知恩：汉语专业的韩国学生也一样，就业的机会比以前多多了。

연 습 문 제

01 녹음을 듣고 다음 단어에 해당하는 한자를 쓰십시오.

(1) shàihēi

(2) gǎnkǎi

(3) chījīng

(4) xùnsù

(5) dàkāiyǎnjiè

(6) dìdàwùbó

02 다음 틀린 문장을 바르게 고치십시오.

(1) 你是什么时候从印度回来?

(2) 和日本菜相比, 我觉得韩国菜很好吃。

(3) 我不记的确切的话了。

연습문제

03 알맞은 표현을 빈칸에 쓰십시오.

光	幸好	亲眼	相似

(1) 这是我 ______ 见到的。

(2) 这两个人年貌 ______ 。

(3) 他 ______ 笑不说话。

(4) ______ 有医生在，否则要出大问题。

04 자신의 생각을 말해 보시오.

(1) 신학기가 시작되고 당신은 오랜만에 친구를 만납니다. 그/그녀와 당신의 방학생활에 대해 이야기 해 보세요. (新学期，你遇到好久不见的朋友，跟他/她聊一聊你的假期经历。)

(2) 음식, 의복, 세시풍속, 교육 등 여러 방면 중 하나를 선택하여 한국과 중국의 문화에 대해 비교해 보세요. (比较一下韩国和中国的文化。饮食、服装、风俗习惯、教育等方面，你可以选择其中一个话题。)

WORKBOOK

01 다음 주어진 표현을 활용하여 알맞은 문장을 완성해 보시오.

(1) A：这双运动鞋很漂亮，你买一双吧。

B：太贵了，＿＿＿＿＿＿＿＿。(除非……，否则……)

(2) A：我们班的学生都是韩国人，你们班呢？

B：我们班＿＿＿＿＿＿＿＿，还有中国人和日本人。(光)

(3) A：这件衣服怎么样？

B：不但质量不好，＿＿＿＿＿＿＿＿。(而且)

02 다음 표현들을 어순에 맞게 쓰십시오.

(1) 你 / 吃饭 / 一点儿 / 吃 / 光 / 不要 / 菜 / 多

＿＿＿＿＿＿＿＿＿＿＿＿＿＿＿＿

(2) 他 / 汉语 / 的 / 还 / 好 / 水平，沟通 / 没有 / 汉语 / 用 / 问题

＿＿＿＿＿＿＿＿＿＿＿＿＿＿＿＿

(3) 在 / 留学生 / 打工 / 的 / 很 / 了 / 少 / 中国 / 外国 / 机会

＿＿＿＿＿＿＿＿＿＿＿＿＿＿＿＿

03 다음 문장을 중국어로 바꾸어 보십시오.

(1) 저는 놀러온 게 아니고, 중국어를 배우러 왔습니다.

(2) 말 좀 들어, 그렇지 않으면 우리는 너를 안 데리고 갈 거야.

(3) 첫사랑의 느낌을 아직 기억하고 있나요?

02

我租到了不错的房子。

저는 괜찮은 집을 얻었어요.

학 습 목 표

처리표현 1	동사 "弄"
선택표현	"与其~不如~"
결과표현 1	결과보어 "到"
처리표현 2	동사 "办"

새로운 낱말

哥儿们	gērmen	명 절친한 친구들
深夜	shēnyè	명 심야, 깊은 밤
矛盾	máodùn	명 갈등, 대립, 모순
磨擦	mócā	명 마찰
客厅	kètīng	명 응접실, 거실
厨房	chúfáng	명 주방
房东	fángdōng	명 집주인
租金	zūjīn	명 임대료
驾照	jiàzhào	명 운전면허증
搬	bān	동 옮기다, 이사하다
网聊	wǎngliáo	동 채팅하다
弄	nòng	동 …하게 하다
共享	gòngxiǎng	동 함께 누리다
作息	zuòxī	동 일하고 휴식하다
考虑	kǎolǜ	동 생각하다, 고려하다
租	zū	동 세내다, 임대하다

새로운 낱말

搜	sōu	동 찾다, 뒤지다, 모으다
签约	qiānyuē	동 (계약서 등에) 서명하다
包括	bāokuò	동 포함하다
整理	zhěnglǐ	동 정리하다
发愁	fāchóu	동 걱정하다, 근심하다
办	bàn	동 처리하다, 다루다
搞定	gǎodìng	동 처리하다, 해결하다
二手	èrshǒu	형 중고의
难免	nánmiǎn	형 피하기 어렵다
与其~不如~	yǔqí~bùrú~	접 ~하느니 차라리 ~하다
忍无可忍	rěnwúkěrěn	성 더 이상 참을 수 없다
小型货车	xiǎoxínghuòchē	미니밴

1

다들 생활습관도 서로 달라서 갈등이나 마찰을 피하기 어려워요.

大家的生活作息习惯又不一样, ______ 会有矛盾或摩擦。

nánmiǎn

2

당신은 인터넷으로 셋방정보를 검색해서 학교 근처의 방을 찾아볼 수 있어요.

你可以上网 ______ 租房信息, ______ 学校附近的房子。

sōuyíxià　　zhǎoyíxià

3

월 임대료는 삼십만원이고, 전기세와 수도세는 포함되지 않아요.

月租三十万韩币，不 ____ 电费和水费。

bāokuò

4

옮길 물건이 적지 않아서 어떻게 옮길지 걱정하고 있었어요.

要搬的东西还不少，正 ____ 怎么搬过去呢。

fāchóu

주요표현과 문법 1

1. 동사 “弄”

“弄”이 동사로 쓰일 때 가지는 의미는 상당히 많은데, 사동의 의미를 갖기도 하고, 때로는 그 의미가 비교적 모호할 때도 있다.

昨天半夜三点了他还在聊, **弄**得我睡不着。(시끄러워 잠을 잘 수 없다.)

你要小心, 别把图书馆的书**弄**丢了。(잃어버리다.)

我正生气, 他讲了一个笑话, **弄**得我哭笑不得。(울지도 웃지도 못하게 한다.)

2. 선택표현 : “与其~不如~”

접속사로 취사의 의미를 갖는 두 문장을 서로 연결하여, 이해득실을 비교한 후의 결정을 나타낸다.

与其住宿舍, **不如**搬出来租房子住。

天气这么好, **与其**呆在家里, **不如**我们一起去爬山。

上下班时间要去市中心, **与其**开车被堵在路上, 还**不如**坐地铁更方便。

본문 ①

姜韩彬：你看上去脸色不太好。

李　俊：别提了，最近晚上休息不好。

姜韩彬：为什么？

李　俊：我们宿舍有一个哥儿们，刚搬进来没多久。他经常玩电脑游戏玩到深夜，还网聊。昨天半夜三点了他还在聊，弄得我睡不着。

我忍无可忍，就说了他两句。

姜韩彬：你们是几个人住一个宿舍。

李　俊：四个人。

姜韩彬：四个人共享一个空间，大家的生活作息习惯又不一样，难免会有矛盾或摩擦。

李　俊：过一段时间我要开始写毕业论文了，也会熬夜，会影响别人休息的。

所以我在考虑，与其住宿舍，不如搬出来租房子住。

姜韩彬：我现在就是和别人合租。

客厅和厨房是公用的，但有了自己的空间，方便多了。

李　俊：听起来不错。

姜韩彬：你可以上网搜一下租房信息，找一找学校附近的房子。

李　俊：好，听你的。

주요표현과 문법 2

1. 결과보어 "到"

"到"는 "租**到**房子(방을 임대했다)"、"搜**到**有用的信息(유용한 정보를 찾았다)"처럼 일부 동사 뒤에 쓰여, 그 동사의 목적이 달성되었음을 나타낸다. 부정형식은 **"没~到"**로 동작의 목적이 달성되지 못했거나 결과가 없음을 나타낸다.

我租**到**了不错的房子！

李俊没租**到**学校附近的房子。

我记得几年前在机场听**到**的都是用日语来问候顾客的。

在这里又见**到**你, 真的很高兴。

2. 동사 "办"

"办"은 동사로 쓰여 업무를 처리하거나 문제를 해결함을 나타낸다. 또한 **"办法"**、**"办公室"**、**"办事机构"** 등과 같이 일부 어휘와 함께 쓰이기도 한다.

你有驾照就好**办**了。

新生要先**办**完入学手续, 才能入住宿舍。

这点小事我一个人**办**就行。

这是釜山市政府设在上海的**办**事机构。

본문 ②

李　俊：我租到了不错的房子！
昨天刚刚和房东签了租约。

姜韩彬：租金贵吗？

李　俊：还行，月租三十万韩币，不包括电费和水费。

姜韩彬：是在学校附近吗？

李　俊：不是。学校附近的房子都已经租出去了。我租到的房子坐公车到学校要十五分钟左右。

姜韩彬：那你可以坐校车去学校。

李　俊：不用。我在网上搜到一辆不错的二手自行车。

姜韩彬：骑自行车去学校，好主意。

李　俊：现在的问题是搬家。我整理了一下，要搬的东西还不少，正发愁怎么搬过去呢。

姜韩彬：你有驾照吗？

李　俊：有。

姜韩彬：那就好办了。你租一辆小型货车，不会太贵。我找个朋友一起帮你，两三个小时就能搞定。

李　俊：太好了。

연습문제

01 녹음을 듣고 다음 단어에 해당하는 한자를 쓰십시오.

(1) mócā

(2) jiàzhào

(3) qiānyuē

(4) fāchóu

(5) gǎodìn

(6) rěnwúkěrěn

02 다음 틀린 문장을 바르게 고치십시오.

(1) 我可以去骑车学校。

(2) 昨天刚才和房东签了租约。

(3) 是有火车站附近吗?

연습문제

03 알맞은 표현을 빈칸에 쓰십시오.

办　包括　共享　弄

(1) 外语教学应该 ________ 听、说、读、写四项。

(2) 是的, 我想和你 ________ 生活。

(3) 明天能 ________ 好吗?

(4) 这件事请你抓时间 ________ — ________ 。

04 자신의 생각을 말해 보시오.

(1) 기숙사에서 두 친구가 생활습관이 서로 달라 문제가 발생했다. 대화를 만들어 그들의 문제와 해결방법에 대해 이야기해 보세요. (在宿舍里, 两个朋友因为作息习惯不同而产生了矛盾。请设计一段对话, 表达他们的矛盾和解决的方法。)

(2) 집의 위치, 교통, 공동임대 상황, 임대료 등 당신이 어떠한 집을 얻고 싶은지 말해 봅시다. (说一说你想租什么样房子。请说明房子的位置、交通、合租的情况、租金等。)

WORKBOOK

01 다음 주어진 표현을 활용하여 알맞은 문장을 완성해 보시오.

(1) A：我们去看电影，怎么样？

B：天气这么好，____________________。(与其……不如……)

(2) A：你为什么买那么远的房子呢？

B：______________________________。(虽然……但是……)

(3) A：好久不见。

B：韩彬，没想到____________________。(竟然)

02 다음 표현들을 어순에 맞게 쓰십시오.

(1) 小心 / 要 / 你，照相机 / 的 / 掉 / 弄 / 哥哥 / 别 / 了

____

(2) 护照 / 让 / 看一看 / 你 / 请 / 的 / 我

____

(3) 美国 / 他 / 回来 / 是 / 从 / 的 / 去年

____

03 다음 문장을 중국어로 바꾸어 보십시오.

(1) 저는 내일 저녁에 베이징으로 가는 기차표를 샀습니다.

(2) 이 옷은 그가 저에게 준 것입니다.

(3) 저는 다음 달 30일에 중국을 떠날 계획입니다.

03

韩国人过秋夕节，中国人过中秋节。

한국인은 추석을 지내고, 중국인은 중추절을 지냅니다.

학습목표

정도심화표현 상태지속표현 조건표현	부사 “好不容易” “동사+着” “无所谓” “不管~还是~”

새로운 낱말

秋夕节	qīuxījié	명 추석
菜肴	càiyáo	명 요리, 음식, 반찬
阴历	yīnlì	명 음력
月饼	yuèbǐng	명 월병(중국 중추절에 먹는 음식)
松针	sōngzhēn	명 솔잎
祭祀	jìsì	명/동 제사 / 제사를 지내다
国庆节	guóqìngjié	명 국경절(양력 10월 1일)
举行	jǔxíng	동 거행하다
讲究	jiǎngjiū	동 중요시 하다, …에 정성들이다
团聚	tuánjù	동 한 데 모이다
赏月	shǎngyuè	동 달구경하다, 달맞이하다
包	bāo	동 싸다, 싸매다
蒸	zhēng	동 찌다
飘	piāo	동 날아 떨어지다, 흩날리다
保持	bǎochí	동 유지하다, 지키다
消失	xiāoshī	동 모습을 감추다, 사라지다

새로운 낱말

乖	guāi	형 착하다, 영리하다, 얌전하다
传统	chuántǒng	형/명 전통적이다 / 전통
闲	xián	형 한가하다, 일이 없다
好不容易	hǎobùróngyì	부 가까스로, 겨우, 간신히
亲手	qīnshǒu	부 직접, 손수, 자기 손으로
泰国	Tàiguó	고유 태국
马来西亚	Mǎláixīyà	고유 말레이시아
无所谓	wúsuǒwèi	구 상관없다, 개의치 않다

1

중국인들은 중추절에 가족이 모여 함께 월병을 먹으며 달을 감상하는 것을 중요시 여깁니다.

中秋节的时候中国人 ______ 家人团聚, 一起吃月饼, 赏月。

jiǎngjiū

2

돌아올 때 제가 직접 만든 송편을 좀 가져다 줄께요.

回来的时候我给你带一些我 ______ 做的松糕。

qīnshǒu

3

한국의 명절에는 여전히 전통의 풍습이 남아 있어요.

韩国的节日还 ______ 着不少传统风俗。

bǎoliú

4

올해 국경절 전후로 일주일의 휴가기간이 있어요.

今年的国庆节 ______ 有一个星期的假。

qiánhòu

주요표현과 문법 1

1. 부사 "好不容易"

부사 "好不容易"는 곤란함의 정도가 심하였으나 어떠한 사건이나 행위가 이루어졌음을 나타내는데, 부사 "才"와 조합하여 자주 사용된다.

我**好不容易**才买到了星期五的火车票。

我**好不容易**在网上搜到了我小学时的好朋友, 终于和他联络上了。

我**好不容易**才拿到驾照。

李俊**好不容易**才找到了一个不错的房子。

2. 상태지속표현 : "동사+"着"

어떠한 상태의 지속이나 수반되는 동작을 나타낸다.

刚蒸好的松糕**飘着**淡淡的松针味儿, 好吃极了。

你**等着**, 回来的时候我给你带一些我亲手做的松糕。

韩国的节日还**保持着**很传统的风俗。

她脸上总是**带着**微笑。

他手里**拿着**一束花等女朋友。("拿"는 "等"의 동작을 수반함)

본문 ①

金知恩：我好不容易才买到了星期五的火车票！

吴小莹：你要去哪儿？

金知恩：回家呀！这个周末是秋夕节，我要早点儿回家帮妈妈。

吴小莹：你真是乖女儿。

金知恩：秋夕节我们家要举行祭祀，要准备很多祭祀菜肴，妈妈最辛苦。

吴小莹：每年的阴历八月十五，韩国人过秋夕节，中国人过中秋节。

金知恩：中秋节的时候要吃月饼吧？

吴小莹：对。传统的祭祀现在已经很少举行了，不过中秋节的时候中国人还是挺讲究家人团聚的，一起吃月饼，赏月。

金知恩：在韩国是一定要吃松糕。

吴小莹：松糕真的很好吃。

金知恩：包好的松糕是和松针一起蒸的，所以飘着淡淡的松针味儿，好吃极了。你等着，回来的时候我给你带一些我亲手做的松糕。

吴小莹：谢谢！

주요표현과 문법 2

1. "无所谓"

"**无所谓**"는 어떠한 일에 대해 대수롭지 않거나 마음에 두지 않는 태도를 나타낸다.

现在中国很多年轻人都**无所谓**过节不过节。

无所谓胜败, 重要的是参与。

对能不能得奖, 我**无所谓**。

他装出**无所谓**的样子, 其实心里很在意。

2. 조건표현 : "不管~还是~"

"**不管**"과 "**还是**" 뒤에는 각각의 다른 두 상황이 이어지며, 뒤에 부사 "**都**"가 항상 이어져 서로 다른 두 상황 하에 결과가 서로 같음을 나타낸다. "**不管**"은 또한 "**无论**"으로 바꾸어 사용 가능하다.

不管是在韩国, **还是**在中国, 要保持传统文化的生命力都是一件不容易的事情。

不管是老师, **还是**学生, 都应该遵守校规。

不管是你决定去, **还是**不去, 都请给我回个电话。

无论是找工作, **还是**继续读书, 父母都会尊重我的选择。

본문 ②

(중추절 저녁 소영이는 부모님께 전화를 걸고 . . .)

吴小莹：爸, 妈, 中秋节愉快！

父　母：哎, 小莹, 我们正等你电话呢。

吴小莹：我跟宿舍的中国朋友一起吃了晚饭, 这里的超市里也卖月饼, 我们也吃了月饼。

妈　妈：我们看了一个电视节目, 介绍的是韩国的秋夕节。

吴小莹：在韩国秋夕节和新年一样都有三天的假日, 人们要回家, 在家里祭祀。

爸　爸：韩国的节日还保持着很传统的风俗。相比之下, 现在中国的很多年轻人都无所谓过节不过节, 一些传统都慢慢地消失了。

吴小莹：不管是在韩国, 还是在中国, 要保留传统文化都是一件不容易的事情。

妈　妈：今年的中秋节紧挨着国庆节, 前后有一个星期的假。我们闲着没事儿, 想跟同事一起去旅游。

吴小莹：去哪里？

妈　妈：去泰国和马来西亚, 四天三夜。

吴小莹：祝爸爸妈妈旅途愉快！

연 습 문 제

01 녹음을 듣고 다음 단어에 해당하는 한자를 쓰십시오.

(1) càiyáo

(2) jiǎngjiū

(3) tuánjù

(4) shǎngyuè

(5) bǎochí

(6) chuántǒng

02 다음 틀린 문장을 바르게 고치십시오.

(1) 昨天我看了电视一个多小时。

(2) 电脑我还没用完了。

(3) 听说她下个月就要回国。

연습문제

03 알맞은 표현을 빈칸에 쓰십시오.

好不容易	才	一点儿	前后

(1) 他的毛病 ______ 都没改。

(2) 十点 ______ 人们走进了会场。

(3) 我找了半天, ______ 找到英韩词典。

(4) 这本书我好不容易 ______ 买到。

04 자신의 생각을 말해 보시오.

(1) 당신은 오랫동안 부모님과 연락하지 않았습니다. 부모님께 전화를 드려봅시다. (你很久没有和父母通电话了, 请给你父母打一个电话。)

______

(2) 한국과 중국의 전통문화가 어떠한 점이 서로 비슷하고, 어떠한 점이 서로 다른지 한 가지 예를 들어 말해 봅시다. (选择一个例子, 说明韩国和中国的传统文化有哪些相似的地方有哪些不同的地方。)

______

WORKBOOK

01 다음 주어진 표현을 활용하여 알맞은 문장을 완성해 보시오.

(1) A ：吃饭了吗?

B ：我们 ______________ 。 (着)

(2) A ：明天我什么时候来找你?

B ：______________, 我都在。 (不管)

(3) A ：你最近见没见过知恩?

B ：没见过, 我已经两个月 ______________ 。(没)

02 다음 표현들을 어순에 맞게 쓰십시오.

(1) 无所谓 / 今天 / 我 / 去 / 明天 / 的 / 去 / 还是

____

(2) 中国菜 / 着 / 说, 肚子 / 有点儿 / 还 / 真 / 饿

____

(3) 他 / 来说 / 对, 好坏 / 成绩 / 无所谓 / 根本

____

03 다음 문장을 중국어로 바꾸어 보십시오.

(1) 비가 오든 눈이 오든 나는 나갈 것이다.

(2) 그녀는 아이들이 즐거워하는 모습을 보면서 웃기 시작했다.

(3) 사람이 너무 많아서 나는 간신히 친구를 찾았다.

04

戒烟可不是容易的事。

금연은 쉬운 일이 아니에요.

학습목표

방향보어의 파생의미 1	"下去"
전환표현	"反而"
판단표현 1	"看来"
당위표현	"조동사 得"

새로운 낱말

嗓子	sǎngzi	명 목구멍
烟瘾	yānyǐn	명 담배(니코틴) 중독
青春期	qīngchūnqī	명 사춘기
风度	fēngdù	명 품격, 풍모
理由	lǐyóu	명 이유, 까닭, 연유
周围	zhōuwéi	명 주위, 주변
瘾君子	yǐnjūnzi	명 마약 중독자
消息	xiāoxī	명 소식, 기별
秘诀	mìjué	명 비결
念头	niàntou	명 생각, 의사
食欲	shíyù	명 식욕
爱情	àiqíng	명 남녀 간의 사랑, 애정
力量	lìliàng	명 역량, 힘
抽烟/吸烟	chōuyān / xīyān	동 담배를 피다
提神	tíshén	동 정신을 차리게 하다
戒烟	jièyān	동 담배를 끊다
尝试	chángshì	동 테스트해 보다, 시도해 보다

새로운 낱말

坚持	jiānchí	동 견지하다, 유지하다
成功	chénggōng	동 성공하다
干燥	gānzào	형 건조하다
被动	bèidòng	형 수동적이다, 소극적이다
伟大	wěidà	형 위대하다
实在	shízài	부 실은, 사실상, 확실히
反而	fǎnér	부 도리어
从来(不~)	cónglái(bù~)	부 여태껏, 지금까지
不知不觉	bùzhībùjué	자기도 모르는 사이에
逆反心理	nìfǎnxīnlǐ	역반응 심리
烦躁不安	fánzàobùān	초조하고 불안해하다
像~一样	xiàng~yíyàng	~과 같이

1

흡연은 건강에 조금도 도움이 되지 않는데 당신들은 여전히 담배를 피우네요.

抽烟 ______ 身体一点好处都没有， 你们 ______ 抽烟。

duì　　　　háiyào

2

저는 여태껏 한 번도 아이들 앞에서 흡연하지 않았어요.

我 ______ 在小孩子面前抽烟。

cōngláibū

3

온 몸이 안 좋은 게 병이 난 것 같아요.

我全身不舒服, ______ 生病了 ______。

xiàng　　yíyàng

4

그와 함께 수다를 떨던지 영화를 보러 가던지 해서, 되도록이면 그가 담배를 피울 생각을 하지 않게 해요.

我陪他聊天, ______ 叫他出来看电影, ______ 让他忘掉抽烟的念头。

huòzhě　　jǐnliàng

주요표현과 문법 1

1. 방향보어의 파생의미 : "下去"

일부 동사 뒤에 오는 "**下去**"는 동작이나 상태의 지속을 나타낸다.

戒烟我也尝试过, 不过戒了两天就坚持不下去了。

这样的练习坚持下去, 你的发音会越来越好的。

她忘了一个词, 就说不下去了。

希望中韩两国世世代代友好下去。

2. 전환표현 : "反而"

"도리어"라는 의미의 "**反而**"는 부사로, 문장 중에서 전환의 작용을 일으킨다. 앞 문장의 의미와 반대되거나 예상치 못한 상황을 나타낸다.

老师和父母不让做的, 青春期的孩子反而会偷着尝试。

他没有皱眉头, 反而笑了。

他没有生气, 反而跟我说对不起。

他急于求成, 反而把事情弄糟了。

본문 ①

金知恩：李俊，我看你最近抽烟抽得更多了。

李　俊：有时候是心烦，有时候是需要提神，不知不觉就抽多了，嗓子有点儿不舒服。

金知恩：秋天本来就干燥，而且你抽那么多烟。你要多喝水，会好一些。

吴小莹：我实在不理解，抽烟对身体一点好处都没有，你们还要抽烟。

李　俊：戒烟可不是容易的事。我也尝试过，才戒了两天就坚持不下去了。

吴小莹：你抽了很多年了吧，是有烟瘾。

李　俊：高中的时候，周围的很多朋友都抽烟，我也就开始抽了。那时候正是青春期，有逆反心理，老师和父母不让做的，反而会偷着尝试，而且很容易受朋友的影响。

金知恩：还有啊，抽烟是一种风度，很难说明的风度。

吴小莹：很难理解，我可没觉得有什么风度。你们抽烟有这么多理由，可是有没有想过别人？周围的人被动吸烟，得肺癌的可能性更大。

李　俊：以前是没想过，不过我现在会注意，尽量去外面或可吸烟区，不影响别人。

金知恩：所以我也从来不在你面前抽烟，对不对？

주요표현과 문법 2

1. 앞 글의 판단표현 : "看来"

동사 "**看**"은 판단을 나타낼 수 있다. "**看来**"는 "보아하니"의 뜻으로, 앞 문장의 내용이나 상황에 대해 판단함을 나타낸다.

看来我想要戒烟的话, 得先交一个女朋友才行。

云黑压压地一片, **看来**要下雨了。

一个月的努力**看来**是有效果的。

现在**看来**事情并不是我们想象的那样。

2. 조동사 "得"

조동사 "**得**"(děi)는 구어에 주로 쓰이며, "**必须**"의 의미를 가진다.

我们**得**早点儿出发, 不然会迟到的。

这个餐馆**得**打电话预约。

这个电脑**得**修理一下。

他正在接电话, 你**得**等一下。

본문 ②

(소영의 남자친구 한빈이가 왔다.)

姜韩彬：你们在聊什么呢？

李　俊：我们在聊应不应该抽烟。

吴小莹：他们俩抽烟有很多理由，我劝他们戒烟只有两个理由。

金知恩：你也是"瘾君子"，来说说你抽烟的理由。

姜韩彬：对不起，我的理由没有了。告诉你们一个最新消息，
我已经一个星期没抽烟了！

李　俊：哇，你戒烟成功了！有什么秘诀吗？

姜韩彬：我的秘诀是想抽烟的时候就给小莹打电话。

吴小莹：我会陪他聊天，或者叫他出来去一起看电影、去健身房运动等，
尽量让他忘掉抽烟的念头。

姜韩彬：刚开始的三天最困难，烦躁不安，没有食欲，全身不舒服，
像生病了一样。到了第四天才觉得食欲恢复了，也不怎么想抽烟了。

金知恩：啊，爱情的力量真伟大！

李　俊：看来我想要戒烟的话，得先交一个女朋友才行。

金知恩：戒烟有第三个理由，就是为了爱情！

연습문제

01 녹음을 듣고 다음 단어에 해당하는 한자를 쓰십시오.

(1) qīngchūnqī

(2) mìjué

(3) tíshén

(4) jièyān

(5) bùzhībùjué

(6) fánzàobù'ān

02 다음 틀린 문장을 바르게 고치십시오.

(1) 我没去过了美国，有机会想去。

(2) 看来他醒下去了。

(3) 我们很得等他来。

연습문제

03 알맞은 표현을 빈칸에 쓰십시오.

实在	~的时候	尽量	尝试

(1) 他们为了解决这个问题, ______ 过各种方法。

(2) 他 ______ 是没听懂。

(3) 工作 ______ 工作, 做游戏 ______ 做游戏。

(4) 我想 ______ 在星期五做完, 周末就可以休息了。

04 자신의 생각을 말해 보시오.

(1) "음주"를 주제로 하여 사람들이 술을 마시는 이유와 술을 끊는 이유에 대해 대화해 봅시다. (以"喝酒"为主题。说一说人们喝酒有哪些理由, 又有哪些理由应该"戒酒"?)

(2) 흡연의 나쁜 점에 대해 말해 봅시다. (说一说'吸烟'的坏处。)

WORKBOOK

01 다음 주어진 표현을 활용하여 알맞은 문장을 완성해 보시오.

(1) A：你们再坐一会儿走吧。

B：已经十点了。时间不早了。＿＿＿＿＿＿＿＿。(得)

(2) A：老师还没来，今天会不会停课吗？

B：不会吧，他 ＿＿＿＿＿＿＿＿。 (从来)

(3) A：听到这个消息她为什么哭了？是不是不高兴啊？

B：她 ＿＿＿＿＿＿＿＿。 (不是A，而是B)

02 다음 표현들을 어순에 맞게 쓰십시오.

(1) 我 / 过 / 从来 / 他 / 没 / 喝酒 / 看

＿＿＿＿＿＿＿＿＿＿＿＿＿＿＿＿

(2) 正在 / 外面 / 呢 / 下 / 雨 / 着

＿＿＿＿＿＿＿＿＿＿＿＿＿＿＿＿

(3) 人 / 不 / 这 / 你 / 是 / 个 / 问题 / 一 / 的

＿＿＿＿＿＿＿＿＿＿＿＿＿＿＿＿

03 다음 문장을 중국어로 바꾸어 보십시오.

(1) 우리는 상의를 좀 해야 합니다.

(2) 제게 전화를 걸어 비행기 표를 예약하라고 시켰습니다.

(3) 담배를 너무 많이 피우면 건강에 좋지 않습니다.

05

你投了多少份简历?

당신은 이력서를 얼마나 넣었나요?

학 습 목 표

	"睡也睡不着"구조
점층표현	접속사 "何况"
계획표현	"打算"
당위표현	"应该"

새로운 낱말

结果	jiéguǒ	명 결과, 결실
简历	jiǎnlì	명 약력, 이력서
回应	huíyìng	명/동 대답 / 대답하다
职位	zhíwèi	명 직위
竞争	jìngzhēng	명/동 경쟁 / 경쟁하다
双方	shuāngfāng	명 쌍방, 양쪽
经贸	jīngmào	명 경제와 무역
指导	zhǐdǎo	동 지도하다, 이끌어주다
投	tóu	동 던지다
通知	tōngzhī	동 알리다, 통지하다
见习	jiànxí	동 수습으로 일하다
晋升	jìnshēng	동 승진하다, 진급하다
合资	hézī	동 합자하다
签约	qiānyuē	동 (계약서 등에) 서명하다
派	pài	동 파견하다
满	mǎn	동 가득하다, 가득차다

새로운 낱말

续约	xùyuē	동 재계약하다, 기한을 연장하다
往来	wǎnglái	동 왕래하다, 오가다
打算	dǎsuàn	조동 ~할 예정이다
正式	zhèngshì	형 정식의, 공식적인
激烈	jīliè	형 격렬하다, 치열하다
频繁	pínfán	형 잦다, 빈번하다
何况	hékuàng	접 더군다나, 하물며
假如	jiǎrú	접 만약, 만일, 가령
韩资企业	hánzīqǐyè	한국투자기업
文职工作	wénzhígōngzuò	사무직

표현 익히기

주요 표현을 함께 만들어 보아요.

1

직업을 구하는 것이 쉽지 않네요, 당신은 이력서를 얼마나 넣었나요?

找工作 ____ 不容易， 你投了多少 ____ 简历？

shì　　　fèn

2

두 곳에서만 면접에 참여하라고 연락이 왔을 뿐, 다른 곳은 모두 연락이 없어요.

____ 两个地方通知我参加面试, ____ 都没有回应。

Zhǐyǒu　　　qítāde

3

수습기간은 1년이며, 중국에 있는 지사로 파견될 가능성이 있어요.

见习期是一年， 很 ______ 被派到中国的分公司去工作。

yǒukěnéng

4

만일 양측이 모두 만족한다면 재계약 할 수 있어요.

______ 双方都满意 ______ 可以续约。

Jiǎrú dehuà

주요표현과 문법 1

1. “吃也吃不下”、“睡也睡不着”의 구조

동사 + 也 + 동사 + 가능보어 부정형식

이 구조는 동작이 반복되지만 오히려 효과나 결과가 없음을 나타낸다.

有时候想起来我就**吃也吃不下, 睡也睡不着**。

我在家里找手机, 怎么**找也找不到**, 原来是丢在教室里了。

那件事我想**忘也忘不掉**。

我一下午都在给她打电话, **打也打不通**。

2. 접속사 “何况”

“**何况**”은 “하물며”의 뜻으로, 뒤에는 반문하는 문장이 이어지며, 한 층 더 깊어진 의사를 나타낸다.

现在韩国的大学毕业生找工作都非常难, 更**何况**是中国留学生呢。

这么重的东西连男生都搬不动, **何况**女生呢。

这个英语句子连老师都不懂, **何况**是学生。

这条路平时也容易堵车, **何况**最近又在施工。

본문 ①

金知恩：你这学期又要写毕业论文，
　　　　又要找工作，很辛苦吧。

李　俊：咳，别提了。为了写论文，
　　　　去图书馆查资料，
　　　　去向指导老师请教，
　　　　这些都还是自己努力就可以做到的事情。
　　　　可是找工作却没有什么结果，有时候想起来我就吃也吃不下，
　　　　睡也睡不着，给父母打电话时也不好意思跟他们讲。

金知恩：找工作确实是不容易。你投了多少份简历？

李　俊：我先后投出去了三十多份简历，只有两个地方通知我参加面试，
　　　　其他的都没有回应。

金知恩：现在韩国的大学毕业生找工作都非常难，更何况是中国留学生呢。
　　　　你没有想过回中国找工作吗？

李　俊：想过，我父母也希望我毕业以后回国工作。

金知恩：中国南方有很多韩资企业和贸易公司，可能有不少见习工作的
　　　　职位，你可以试一下。我认识的一个学长，三年前就是从见习工
　　　　作开始做的，前不久刚刚晋升到正式的职位。

李　俊：好，我先在网上查一下。谢谢！

주요표현과 문법 2

1. 계획표현 조동사 "打算"

"**打算**"이 조동사로 쓰이면, '하고자 하는 일의 계획'을 나타낸다.

你以后毕业了**打算**回国吗?

我**打算**寒假回老家看看。

"**打算**"은 다른 품사로도 사용된다. 명사로 쓰일 때는 '계획하거나 예정하는 목표'를 나타내고, 동사로 쓰일 때는 '고려하다'의 의미를 가진다.

你毕业以后有什么**打算**?

他不太会**打算**, 很快就把这笔钱花光了。

2. 당위표현 조동사 "应该"

"**应该**"는 당위성을 나타낸다. 또 다른 의미로는 앞 문장의 상황에 근거하여 추측하거나 짐작하는 것을 가리킨다.

不应该在教室里吸烟。(理所当然)

你是上海人, 韩国语又说得很好, 工作**应该**不难找。

这个孩子才四岁, **应该**不会撒谎。

我们准备得这么充分, **应该**不会有什么问题。

본문 ②

李　俊：上周我去首尔面试了一个韩 中合资的贸易公司。

这个公司在上海、青岛、广州几个城市有分公司。

吴小莹：面试怎么样？

李　俊：感觉还不错，但是只有两个见习职位，却有将近二十个人参加面试，竞争挺激烈的。

吴小莹：如果你通过了面试，是要跟公司签约吗？

李　俊：是。见习期是一年，很有可能被派到中国的分公司去工作。

吴小莹：一年之后呢？

李　俊：满一年后可以选择，假如双方都满意的话可以续约。

小莹，你呢？以后毕业了打算回国吗？

吴小莹：还没仔细想过。不过，我希望能找到一份文职工作。

李　俊：现在上海和韩国之间的经贸往来频繁，你是上海人，韩国语又说得那么好，工作应该不难找。

吴小莹：但愿如此。

연습문제

01 녹음을 듣고 다음 단어에 해당하는 한자를 쓰십시오.

(1) jiǎnlì

(2) zhǐdǎo

(3) jìnshēng

(4) xùyuē

(5) jīliè

(6) pínfán

02 다음 틀린 문장을 바르게 고치십시오.

(1) 那本书我朋友被借走了。

(2) 我要减肥，应该少点儿吃饭。

(3) 今天我们在王府井玩儿得很高兴，我们明天又去吧。

연습문제

03 알맞은 표현을 빈칸에 쓰십시오.

感觉	何况	假如	可以

(1) 连你都赢不了, ______ 我呢?

(2) ______ 明天不下雨, 我一定去。

(3) 这篇文章写得还 ______ 。

(4) 一场秋雨过后就 ______ 有点儿冷了。

04 자신의 생각을 말해 보시오.

(1) 취업을 위해 어떠한 노력을 하고 있는지 말해 봅시다. (说一说你为找工作做出哪些努力?)

(2) 대학 졸업 후 직장과 생활에 대한 목표에 대해 말해 봅시다. (说一说你大学毕业后工作和生活上的打算。)

WORKBOOK

01 다음 주어진 표현을 활용하여 알맞은 문장을 완성해 보시오.

(1) A：你想干什么工作?

B：我 ＿＿＿＿＿＿＿＿＿＿。 (当)

(2) A：我可以参加你们的社团活动吗?

B：对不起, ＿＿＿＿＿＿＿＿＿＿。(只有……才……)

(3) A：难道你不认识这个字吗?

B：这个字我 ＿＿＿＿＿＿＿＿＿＿。(好像)

02 다음 표현들을 어순에 맞게 쓰십시오.

(1) 这 / 作文 / 才 / 篇 / 能 / 完 / 写 / 三天 / 得

＿＿＿＿＿＿＿＿＿＿＿＿＿＿＿＿＿＿＿＿

(2) 冬天 / 热 / 这么 / 也 / 这里, 是 / 呢 / 何况 / 夏天

＿＿＿＿＿＿＿＿＿＿＿＿＿＿＿＿＿＿＿＿

(3) 打算 / 暑假 / 去 / 一 / 我 / 趟 / 上海 / 利用 / 这个

＿＿＿＿＿＿＿＿＿＿＿＿＿＿＿＿＿＿＿＿

03 다음 문장을 중국어로 바꾸어 보십시오.

(1) 저는 내일 친구와 함께 영화를 보러 갈 계획입니다.

(2) 너 확실히 동의하니 안하니?

(3) 우리는 반드시 이 일을 다 마쳐야 합니다.

06

复习 복습

학습목표

1 ~ 5과의 표현을 복습하기	1 ~ 5과의 문법을 복습하기

필수어휘

官方	guānfāng	명 정부당국, 공용, 공식
房东	fángdōng	명 집주인
租金	zūjīn	명 임대료
驾照	jiàzhào	명 운전면허증
菜肴	càiyáo	명 요리, 음식, 반찬
松针	sōngzhēn	명 솔잎
青春期	qīngchūnqī	명 사춘기
风度	fēngdù	명 품격, 풍모
念头	niàntou	명 생각, 의사
简历	jiǎnlì	명 약력, 이력서
晒黑	shàihēi	동 햇볕에 타다, 그을리다
感慨	gǎnkǎi	동 감격하다, 감개무량하다
沟通	gōutōng	동 소통하다, 의견을 나누다
作息	zuòxī	동 일하고 휴식하다
发愁	fāchóu	동 걱정하다, 근심하다
搞定	gǎodìng	동 처리하다, 해결하다
讲究	jiǎngjiū	동 중요시 하다, …에 정성들이다
团聚	tuánjù	동 한 데 모이다
提神	tíshén	동 정신을 차리게 하다
尝试	chángshì	동 테스트해 보다, 시도해 보다
见习	jiànxí	동 수습으로 일하다
丰富多彩	fēngfùduōcǎi	형 풍부하고 다채롭다
二手	èrshǒu	형 중고의
乖	guāi	형 착하다, 영리하다
干燥	gānzào	형 건조하다
被动	bèidòng	형 수동적이다, 소극적이다
激烈	jīliè	형 격렬하다, 치열하다
频繁	pínfán	형 잦다, 빈번하다

幸好	xìnghǎo	부 다행히, 요행으로
亲眼	qīnyǎn	부 직접 자신의 눈으로
好不容易	hǎobùróngyì	부 가까스로, 겨우, 간신히
亲手	qīnshǒu	부 직접, 손수, 자기 손으로
实在	shízài	부 실은, 사실상, 확실히
否则	fǒuzé	접 만약 그렇지 않으면
与其~不如~	yǔqí~bùrú~	접 ~하느니 차라리 ~하다
何况	hékuàng	접 더군다나, 하물며
假如	jiǎrú	접 만약, 만일, 가령
大开眼界	dàkāiyǎnjiè	견문을 넓히다
忍无可忍	rěnwúkěrěn	더 이상 참을 수 없다
不知不觉	bùzhībùjué	자기도 모르는 사이에

필수표현

1. 예시표현 : "比如说"

除了英国和法国, 还有很多欧洲国家都值得一游, **比如说**希腊、意大利、爱尔兰、丹麦等。
东亚有很多国家都使用或使用过汉字, **比如说**日本、韩国、越南等。

2. 비교표현 : "和~相比"

和美国**相比**, 中国的人均收入**还**相当低。
跟你的汉语水平**相比**, 我**还**差得远呢。

3. 가설표현 : "否则"

我们要加班加点准备更多的商品, **否则**第二天就会供不应求。
一定要带上指南针, **否则**会迷路的。

4. 결론 혹은 분석표현 : "也就是说"

我们的对手都是清华北大的高材生, **也就是说**, 我们很难取得胜利。
读万卷书不如行万里路, **也就是说**, 读书重要, 亲身的体验更重要。

5. 처리표현 1 : "弄"

你要小心, 别把图书馆的书**弄**丢了。
我正生气, 他讲了一个笑话, **弄**得我哭笑不得。

6. 선택표현 : "与其~不如~"

天气这么好, **与其**呆在家里, **不如**我们一起去爬山。
上下班时间要去市中心, **与其**开车被堵在路上, 还**不如**坐地铁更方便。

7. 결과표현 1 : "到"

李俊没租**到**学校附近的房子。
我记得几年前在机场听**到**的都是日语问候顾客。

8. 처리표현 2 : "办"

新生要先**办**完入学手续, 才能入住宿舍。
这是釜山市政府设在上海的**办**事机构。

9. 정도심화표현 : "好不容易"

我**好不容易**在网上搜到了我小学时的好朋友, 终于和他联络上了。
李俊**好不容易**才找到了一个不错的房子。

10. 상태지속표현 : 동사+"着"

韩国的节日还**保持着**很传统的风俗。
她脸上总是**带着**微笑。
他手里**拿着**一束花等女朋友。

11. "无所谓"

对能不能得奖, 我**无所谓**。
他装出**无所谓**的样子, 其实心里很在意。

12. 조건표현 : "不管~还是~"

不管是你决定去, **还是**不去, 都请给我回个电话。
无论是找工作, **还是**继续读书, 父母都会尊重我的选择。

13. 방향보어의 파생의미 1 : "下去"

戒烟我也尝试过, 不过戒了两天就坚持不**下去**了。
这样的练习坚持**下去**, 你的发音会越来越好的。

14. 전환표현 : "反而"

他没有皱眉头, **反而**笑了。
他没有生气, **反而**跟我说对不起。
他急于求成, **反而**把事情弄糟了。

15. 판단표현 1 : "**看来**"

一个月的努力**看来**是有效果的。
现在**看来**事情并不是我们想象的那样。

16. 당위표현 : "**得**"

这个餐馆**得**打电话预约。
这个电脑**得**修理一下。
他正在接电话, 你**得**等一下。

17. "**吃也吃不下**"、"**睡也睡不着**"의 구조

我在家里找手机, 怎么**找也找不到**, 原来是丢在教室里了。
那件事我想**忘也忘不掉**。
我一下午都在给她打电话, **打也打不通**。

18. 점층표현 : "**何况**"

这么重的东西连男生都搬不动, **何况**女生呢。
这个英语句子连老师都不懂, **何况**是学生。
这条路平时也容易堵车, **何况**最近又在施工。

19. 계획표현 : "**打算**"

我**打算**寒假回老家看看。
他不太会**打算**, 很快就把这笔钱花光了。

20. 당위표현 : "**应该**"

你是上海人, 韩国语又说得很好, 工作**应该**不难找。
这个孩子才四岁, **应该**不会撒谎。
我们准备得这么充分, **应该**不会有什么问题。

07

这家餐馆的中国菜很地道。

이 식당에서는 본고장의 중국요리를 맛볼 수 있어요.

학 습 목 표

비교표현	접속사 "而"
관용표현 1	"不在话下"
판단표현 2	동사 "根据"
관용표현 2	"心里有底儿"

새로운 낱말

味道	wèidao	명 맛
口味	kǒuwèi	명 맛, 입맛, 구미
面食	miànshí	명 밀가루 음식
解腻	jiěnì	동 느끼함을 없애다
保证	bǎozhèng	동 보증하다, 담보하다
根据	gēnjù	동 근거하다, 의거하다
爽	shuǎng	형 상쾌하다, 시원하다
地道	dìdào	형 정통의, 오리지날의
油腻	yóunì	형 기름지다, 느끼하다
挑剔	tiāotī	형 (결점, 잘못 등을) 트집잡다
正宗	zhèngzōng	형 정통의, 진정한
麻辣	málà	형 맵고 얼얼하다
鲜	xiān	형 신선하다, 싱싱하다
自然而然	zìránérrán	부 자연히, 저절로
糖醋里脊	tángcùlǐjǐ	고유 탕추리지
宫保鸡丁	gōngbǎojīdīng	고유 궁바오지띵
鱼香肉丝	yúxīangròusī	고유 위샹러우쓰

새로운 낱말

麻婆豆腐	mápódòufǔ	고유 마파두부
北京烤鸭	běijīngkǎoyā	고유 북경 오리구이
炒年糕	chǎoniángāo	고유 떡볶이
全罗南道	Quánluónándào	고유 전라남도
参鸡汤	shēnjītāng	고유 삼계탕
石锅拌饭	shíguōbànfàn	고유 돌솥 비빔밥
土豆猪骨汤	tǔdòuzhūgǔtāng	고유 감자탕
生菜包肉	shēngcàibāoròu	고유 상추보쌈
一言为定	yìyánwéidìng	한 마디로 약속하다.
众口难调	zhòngkǒunántiáo	모든 사람들을 만족시키기 어렵다.
心里有底儿	xīnlǐyǒudǐr	속으로 다 생각이 있다.

표현 익히기

주요 표현을 함께
만들어 보아요.

1

한 곳에 오래 머무르면 자연히 입맛이 변할 수 있어요.

在一个地方住久了, 口味 ______ 会有变化。

zìrán'érrán

2

한국에서 삼년 동안 유학하면서 갈수록 한국 음식을 좋아하게 되었어요.

我在韩国留学三年, 现在 ______ 喜欢韩国菜了。

yuèláiyuè

3

중국인들의 입맛이 이렇게 다르기에 정말 모두 다 만족시키긴 어려워요.

中国人的 ______ 这么不同，真是 ______ 。

kǒuwèi　　　　zhòngkǒunántiáo

4

몇몇 한국 요리는 많은 중국인들이 비교적 좋아해요.

有几个韩国菜是很多中国人 ______ 喜欢的。

bǐjiào

주요표현과 문법 1

1. 접속사 "而"

접속사 "而"은 이어지는 앞 뒤 두 문장을 대조하거나 비교하는 의미를 갖는다.

在韩国很多中国餐馆都是改良后的中国菜, 而这家餐馆很地道。
韩国菜比较清淡, 而中国菜比较油腻。
周末我爸爸喜欢爬山等户外活动, 而妈妈喜欢在家里呆着。
中国北方人喜欢吃面食, 而南方人喜欢吃米饭。

2. 관용표현 1 : "不在话下"

"不在话下"는 아무 문제가 되지 않는 그런 능력이 있음을 나타낸다.

以前我不能吃辣的, 现在吃泡菜、炒年糕都不在话下。
姜韩彬多才多艺, 唱歌、跳舞、做菜都不在话下。
金知恩很有语言天赋, 汉语、日语、英语都不在话下。
他翻译过好几本书, 要翻译这篇小文章不在话下。

본문 ①

(4명의 친구들이 중국식당에서 밥을 먹는다.)

姜韩彬：今天吃得真爽！

李　俊：在韩国很多餐馆都是改良后的中国菜, 而这家餐馆的中国菜很地道。

姜韩彬：今天点的几个菜, 糖醋里脊、宫保鸡丁、鱼香肉丝、麻婆豆腐, 都是我们在中国留学的时候最喜欢的中国菜。

金知恩：北京烤鸭也好吃, 不过有一点儿油腻。

吴小莹：一边吃烤鸭一边喝茶比较好, 茶可以解腻。

金知恩：我从中国留学回来后，妈妈说我的口味有变化，吃饭没有以前那么挑剔了。

姜韩彬：在一个地方住久了，口味自然而然会有变化。

吴小莹：是呀，以前我不能吃辣的，现在吃泡菜、炒年糕都不在话下。

李　俊：我在韩国留学三年，现在越来越喜欢韩国菜了。

姜韩彬：我老家在全罗南道，下次我回奶奶家时你跟我一起去吧，保证你吃到最正宗的韩国菜。

李　俊：一言为定！

주요표현과 문법 2

1. 동사 "根据"

동사 "**根据**"는 '~에 근거하다, ~에 의거하다'라는 뜻으로, 판단이나 확인의 근거를 나타낸다. 단음절 "**据**"으로도 주로 사용되며, '말하는 바에 의하면 …라 한다'라는 용법으로 쓰인다.

根据我的经验, 有几个韩国菜是很多中国人比较喜欢的。

根据中央电视台的报道, 中国经济增长速度比去年同期稍缓。

据说这个学校有百年的历史。

据调查韩国济州岛成为中国人海外旅游和地产投资的热点之一。

2. 관용표현 2 : "心里有底儿"

"**心里有底儿**"은 '마음속으로 준비가 다 되어 있음'을 의미한다. "**心里没底儿**"는 반대의미를 나타낸다.

听你这么一介绍, 我**心里**就**有底儿**了。

经过调查, 我**心里**更**有底儿**了。

这次考试我一点儿没准备, 能不能考好**心里**真是**没底儿**。

본문 ②

姜韩彬：我以前在中国认识的三个朋友，他们一起到韩国来旅游。
这个周末我要请他们吃饭，你觉得请他们吃什么菜比较好。

李　俊：这可不好说。

姜韩彬：为什么？

李　俊：中国各地、各省人的口味都不同。
北方人喜欢吃面食，口味咸；南方人喜欢吃米饭，口味淡。
四川菜麻辣、上海菜香甜、广东菜讲究新鲜。

姜韩彬：中国人的口味这么不同，真是众口难调。

李　俊：不过根据我的经验，有几个韩国菜是很多中国人比较喜欢的。

姜韩彬：哪几个？

李　俊：参鸡汤、石锅拌饭、土豆猪骨汤、生菜包肉等。
如果你的朋友能吃辣的，你也可以请他们吃泡菜汤和海鲜辣汤。

姜韩彬：听你这么一介绍，我心里就有底儿了。

北方
麻辣
四川
香甜
上海
广东
南方
讲究新鲜

연습문제

01 녹음을 듣고 다음 단어에 해당하는 한자를 쓰십시오.

(1) jiěnì

(2) tiāotī

(3) zìránérrán

(4) yíyánwéidìng

(5) zhòngkǒunántiáo

(6) xīnlǐyǒu dǐr

02 다음 틀린 문장을 바르게 고치십시오.

(1) 小莹游泳得非常快。

(2) 这件衣服他已经穿着一个星期了。

(3) 晚上我和朋友聊了一点儿天。

연습문제

03 알맞은 표현을 빈칸에 쓰십시오.

爽	不过	而	根据

(1) ＿＿＿＿ 大家的意见, 把计划修改一下。

(2) 外面的风很凉 ＿＿＿＿ 。

(3) 那个成市别的都挺好, ＿＿＿＿ 冷一点儿。

(4) 我喜欢喝美式咖啡, ＿＿＿＿ 我妹妹喜欢喝拿铁咖啡。

04 자신의 생각을 말해 보시오.

(1) 어떤 한국 요리를 좋아하는지 말해 봅시다. (你最喜欢吃的韩国菜有哪些?)

(2) 만약 중국친구를 초대해서 대접한다면 어떤 요리를 대접할 것이며, 그 이유는 무엇인지 말해 봅시다. (如果你请中国朋友吃饭, 你打算请他们吃什么? 为什么?)

WORKBOOK

01 다음 주어진 표현을 활용하여 알맞은 문장을 완성해 보시오.

(1) A ：你这次考试准备好了吗？

B ：________________。(不在话下)

(2) A ：你这么努力地学习，是要考研究生吗?

B ：________________。(为了)

(3) A ：你觉得那家餐馆怎么样?

B ：________________。(就是)

02 다음 표현들을 어순에 맞게 쓰십시오.

(1) 他 / 色 / 做的 / 都 / 又 / 好吃 / 味 / 菜 / 香 / 很好 / 好看 / 又

____

(2) 身体 / 多 / 的 / 对 / 有 / 好处 / 清淡 / 吃 / 菜

____

(3) 我 / 去 / 决定 / 以后 / 中国 / 大学 / 留学 / 毕业

____

03 다음 문장을 중국어로 바꾸어 보십시오.

(1) 이런 일은 전혀 문제가 안 돼.

(2) 저는 중국요리를 주문할 줄 모릅니다.

(3) 중국에 유학을 가기 위해 저는 아르바이트를 하고 있습니다.

08

中国的名山大川数不胜数。

중국에는 이름난 산과 강이 셀 수 없이 많아요.

학습목표

가치표현 자격표현 강조표현 방향보어의 파생의미 2	조동사 "值得" "以~著名" "那才~" "~上"

새로운 낱말

湖泊	húbó	명 호수
景观	jǐngguān	명 경관, 경치
一辈子	yíbèizi	명 한 평생, 일생
团体	tuántǐ	명 단체
自助游	zìzhùyóu	명 자유여행
导游	dǎoyóu	명 가이드, 관광 안내원
海滩	hǎitān	명 해변
魅力	mèilì	명 매력
时尚	shíshàng	명 최신 유행, 시류
饰品	shìpǐn	명 장신구, 악세서리
遗憾	yíhàn	동 유감이다, 섭섭하다
眺望	tiàowàng	동 멀리서 바라보다
感受	gǎnshòu	동 (영향을) 받다, 느끼다
值得	zhíde	조동 ……할 만한 가치가 있다
宏伟	hóngwěi	형 웅장하다, 장엄하다
秀丽	xiùlì	형 수려하다, 아름답다
险要	xiǎnyào	형 험준하고 중요하다
数不胜数	shǔbúshèngshǔ	형 셀레야 셀 수 없다.

새로운 낱말

著名	zhùmíng	형 저명하다, 유명하다
绮丽	qǐlì	형 산뜻하고 아름답다
十足	shízú	형 충분하다, 충족하다
根本	gēnběn	부 전혀, 도무지, 아예
顺便	shùnbiàn	부 …하는 김에
世界自然遗产名录	Shìjièzìrányíchǎnmínglù	고유 세계자연유산명단
云南	Yúnnán	고유 윈난
大理	Dàlǐ	고유 다리
丽江	Lìjiāng	고유 리장
泰山	Tàishān	고유 타이산
黄山	Huángshān	고유 황산
华山	Huàshān	고유 화산
九寨沟	Jiǔzhàigōu	고유 주자이거우
太宗台	Tàizōngtái	고유 태종대
音像制品	yīnxiàngzhìpǐn	음향제품
整形手术	zhěngxíngshǒushù	성형수술

1

중국의 이름난 산과 강은 수없이 많으며, 각각의 특징을 가지고 있어요.

中国的名山大川 ______ 各有各的特点。

shǔbúshèngshǔ

2

중국은 너무 넓어서 도시와 자연경관을 한 두 번에 다 볼 수 없어요.

中国这么大, 城市和自然景观一次两次 ______ 看不完。

gēnběn

3

그는 다음 번에 여자친구를 데리고 한국에 쇼핑관광을 오는 김에 성형 수술을 하려고 해요.

他下次要陪女朋友到韩国来旅游购物, ______ 做整形手术。

shùnbiàn

4

현재 중국의 젊은이들이 이렇게 한국 상품을 좋아하는 것에 대해 저도 매우 놀라워요.

______ 我 ______ 很吃惊, 现在中国的年轻人 ______ 喜欢韩国的产品。

Lián dōu zhème

주요표현과 문법 1

1. 조동사 "值得"

조동사 "**值得**"는 하고자 하는 일이 가치가 있고 의미가 있음을 나타낸다.

你觉得还有什么地方**值得**去？

这部小说**值得**一读。

这是一个**值得**珍藏的礼物。

这点儿小事不**值得**计较。

2. 자격표현 : "以~著名"

"**以~著名**"은 '~(으)로 유명하다'라는 뜻이다. "**以~著称**"、"**以~闻名天下**" 등의 비슷한 표현 방식들이 있다.

九寨沟**以**高山湖泊的绮丽风景**著名**, 是中国西部的观光热点。

中国桂林**以**喀斯特地形形成的山水美景**著称**, 因此有"桂林山水甲天下"之说。

山东曲阜**以**孔府**闻名天下**。

韩国**以**泡菜和高丽人参**著名**。

본문 ①

姜韩彬：下个月我要陪父母去中国旅行。

吴小莹：你们要去哪里？

姜韩彬：北京和上海他们以前去过，这次是打算去桂林。

你觉得还有什么地方值得去？

吴小莹：去年我去过云南，大理和丽江古城都非常美。

姜韩彬：我父母喜欢爬山。

吴小莹：中国的名山大川数不胜数，各有各的特点。

泰山宏伟、黄山秀丽、华山险要。

第一次去的话，可以先爬最有名的黄山或者泰山。

姜韩彬：我在网上查到九寨沟，照片里的九寨沟漂亮极了。

吴小莹：九寨沟在四川省，是中国国家级的自然保护区，以高山湖泊的绮丽风景著名，又被列入世界自然遗产名录，所以成为最近二三十年的旅游热点。

姜韩彬：中国这么大，城市和自然景观一次两次根本看不完。

吴小莹：是呀，中国人自己也是，一辈子没去过的地方多的是。

姜韩彬：这次我们先去桂林和云南，以后再慢慢计划游名山大川。

주요표현과 문법 2

1. 강조표현 : "那才~"

그야말로 앞 문장의 어떠한 내용을 받아 뒷 문장을 강조한다.

上周末我们两天连着看了六场电影, **那才**叫痛快。

这里的景色算不了什么, 要登上黄山山顶看云海, **那才**算是美。

去年我们在中国喝的茅台酒, **那才**叫好酒。

上次我们去的那家餐馆, **那才**叫正宗的中国菜。

2. 방향보어의 파생의미 5 : "~上"

"~上"은 보어로, 목적의 달성 · 가능 · 부착 · 접근 등을 나타낸다.

这个我能帮**上**忙。

他们正好赶**上**釜山国际电影节。

他什么忙也帮不**上**, 心里很着急。

坐**上**火车, 他才突然想起忘了带照相机。

본문 ②

金知恩：你上次说的那几个中国朋友，他们在韩国的旅行怎么样？

姜韩彬：他们先参加了旅行社的团体旅游，去了首尔、庆州和济州岛，然后改成自助游，到釜山来，我和小莹给他们做导游。

金知恩：他们如果再早一点，夏天到釜山来的话，可以在海云台的海滩能玩个痛快！

姜韩彬：不过也没什么遗憾的。他们正好赶上了釜山国际电影节，上周末我们两天连着看了六场电影，那才叫痛快。

吴小莹：还去了太宗台，爬上山顶欣赏红叶、眺望大海，感受到了十足的韩国秋天的魅力。

姜韩彬：小莹还陪他们去购物。

吴小莹：连我都很吃惊，现在中国的年轻人这么喜欢韩国的产品。从服装、化妆品、时尚饰品，到手机、音像制品等，他们每个人都买到了特别满意的东西。

姜韩彬：其中一个朋友说，下次要陪女朋友到韩国来旅游购物，顺便做整形手术，还让我们帮忙找比较好的整形医院呢。

金知恩：这个我能帮上忙。我有几个同学就是为来韩国做整形手术的中国人做翻译的，可以向他们咨询一下。

姜韩彬：那太好了。

太宗台
海云台
购物

연습문제

01 녹음을 듣고 다음 단어에 해당하는 한자를 쓰십시오.

(1) yíbèizi

(2) yíhàn

(3) tiàowàng

(4) hóngwěi

(5) shǔbúshèngshǔ

(6) qǐlì

02 다음 틀린 문장을 바르게 고치십시오.

(1) 这个电影我已经看过两趟了，很好看。

(2) 我常常去了卡拉OK唱歌。

(3) 我们家乡的天气越来越很冷了。

연습문제

03 알맞은 표현을 빈칸에 쓰십시오.

感受　值得　著名　顺便　以

(1) 东西好, 价钱又便宜, ______ 买。

(2) 她做的婚纱 ______ 鲜艳 ______ 。

(3) 路过一家书店, ______ 买了几本小说。

(4) 最好让他自己去 ______ 一下。

04 자신의 생각을 말해 보시오.

(1) 한국의 유명한 산과 강에 대해 소개해 봅시다. (请介绍一下韩国的名山大川。)

______

(2) 만약 당신의 친구가 여름에 부산에 여행을 온다면 당신은 어디를 소개할 것이며, 그 이유는 무엇인지 말해 봅시다. (如果你的朋友夏天的时候到釜山来, 你打算陪他们去哪里玩？为什么？)

______

WORKBOOK

01 다음 주어진 표현을 활용하여 알맞은 문장을 완성해 보시오.

(1) A：听说你很喜欢打太极拳，为什么？

B：＿＿＿＿＿＿＿＿＿＿。(对……有好处)

(2) A：你明天有什么安排？

B：＿＿＿＿＿＿＿＿＿＿。(或者)

(3) A：你父母什么时候回国的？

B：＿＿＿＿＿＿＿＿＿＿。(是……的)

02 다음 표현들을 어순에 맞게 쓰십시오.

(1) 要 / 家里 / 事 / 到 / 来 / 不 / 把 / 的 / 带 / 办公室

＿＿＿＿＿＿＿＿＿＿

(2) 现在 / 来得及 / 走 / 还

＿＿＿＿＿＿＿＿＿＿

(3) 喜欢 / 不但 / 他 / 唱 / 看 / 而且 / 喜欢 / 京剧

＿＿＿＿＿＿＿＿＿＿

03 다음 문장을 중국어로 바꾸어 보십시오.

(1) 오는 김에 서점에 들렀어요.

(2) 정말 유감이지만 절반밖에 하지 못했어요.

(3) 그는 옷차림에 전혀 신경쓰지 않아요.

09

中国游客增加影响到的不仅仅是旅游业。

중국 여행객의 증가는 여행업계에만 영향을 주는 것이 아니에요.

학습목표

	"非但~反而~"
피동표현	동사 "受"
비율표현	"百分之~"
목적표현 1	"以便~"

새로운 낱말

主题	zhǔtí	명 (문학작품, 연설 등의) 주제
满意度	mǎnyìdù	명 만족도
数据	shùjù	명 데이터, 통계수치
背景	bèijǐng	명 배경
消费	xiāofèi	명 소비
吸引力	xīyǐnlì	명 흡인력
群体	qúntǐ	명 단체, 집단
签证	qiānzhèng	명 비자
手续	shǒuxù	명 수속
需求	xūqiú	명 수요
讨论	tǎolùn	동 토론하다, 의논하다
阅读	yuèdú	동 열독하다, (책, 신문을) 읽다
突破	tūpò	동 돌파하다
冷却	lěngquè	동 냉각되다, 냉각하다, 식다
减少	jiǎnshǎo	동 감소하다, 줄어들다
关注	guānzhù	동 주시하다, 관심을 가지다
投资	tóuzī	동/명 투자하다, 투자

새로운 낱말

刺激	cìjī	동 자극하다, 북돋우다
超过	chāoguò	동 초과하다, 넘다
放宽	fàngkuān	동 완화하다, 늦추다
办理	bànlǐ	동 처리하다, 취급하다
简化	jiǎnhuà	동 간화하다, 간소화하다
接触	jiēchù	동 접촉하다, 닿다
加深	jiāshēn	동 깊어지다, 심화하다
炙手可热	zhìshǒukěrè	형 손을 데일만큼 뜨겁다
随着	suízhe	전 (…함에) 따라
非但~反而~	fēidàn~fǎnér~	접 비단 ~일 뿐 아니라, 오히려~하다
以便	yǐbiàn	접 ~하기 편하도록
篇	piān	양 (문장, 종이 등을 세는 단위) 편
逐年递增	zhúniándìzēng	매년 증가하다
买房置地	mǎifángzhìdì	부동산을 사다
永久居住权	yǒngjiǔjūzhùquán	영주권

표현 익히기

주요 표현을 함께 만들어 보아요.

1

중국 경제가 급속히 발전함에 따라 중국인의 소득이 증가되었어요.

______ 中国经济高速发展, 中国人收入增多。

Suízhe

2

이러한 변화 아래 한국 여행과 쇼핑는 더 이상 "과소비"가 아니에요.

这种变化 ______ , 到韩国旅游和购物 ______ 是"高消费"。

zhīxià　　　búzài

3

중국 여행객의 증가는 여행업계에만 영향을 주는 것이 아니에요.

中国游客增加影响到的 ______ 是旅游业。

bùjǐnjǐn

4

중국 여행객이 증가함에 따라 한국인들은 가까이에서 중국인들을 접할 기회가 훨씬 많아졌어요.

______ 中国人游客的增加,韩国人有更多的机会近距离 ______ 中国人。

Suízhe　　jiēchù

주요표현과 문법 1

1. "非但~"

"**非但~**"는 '비단~일 뿐 아니라'라는 뜻이다. "**非但**" 뒤에는 보통 부정문이 함께 오고, 호응하는 "**反而**"뒤에는 앞의 상황과 상반되는 상황이 온다.

这两三年中国游客**非但**没减少, **反而**逐年递增。

他做错了事, **非但**不道歉, **反而**找借口为自己辩解。

他买了一些股票, **非但**没挣到钱, **反而**把本钱都赔光了。

这么做**非但**不能解决问题, **反而**会把问题弄得更复杂。

2. 피동표현："受~"

중국어 피동문은 "**被**"자를 기본으로 한다. 또 다른 형식은 동사 "**受**", "**挨**", "**遭**" 등 뒤에 일부 동사를 결합하에 피동의 의미를 나타내는 것이 있다.

近几年"韩流"在中国**受**到关注和欢迎。

他小时候又瘦又小, 在学校经常**受**欺负。

让你**受**委屈了, 真是过意不去。

这个公司被人告发有假帐问题, 正在接**受**调查。

弟弟期末考试有两门不及格, 回家**挨**了妈妈一顿骂。

很多人**遭**杀害, 为国家独立牺牲了。

본문 ①

(왕 선생님의 중국어 토론수업 교실에서)

王老师：今天我们讨论课的主题是中国游客在韩国。

我这里有一篇报道，大家先阅读一下，我们再开始讨论。

金知恩：这篇报道主要是说到韩国旅游的中国人逐年递增，对韩国旅游业有很大的影响。

李慧真：2014年中国游客突破五百万，比前一年增加了四成。

姜韩彬：以前我看到过一个报道，说中国游客对韩国游的满意度不高，担心中国人对韩国游的热情会冷却。可是，这些数据说明，这两三年中国游客非但没减少，反而越来越多。

王老师：那请大家想一想，中国游客喜欢韩国游的原因是什么？

金知恩：从大的背景来讲，中韩建交二十多年，随着两国经济文化各方面的交流，到韩国来工作、留学、旅游的中国人越来越多，同样，去中国的韩国人也在增加。

姜韩彬：随着中国经济高速发展，中国人收入增多，物价也在上涨。在这种变化之下，到韩国旅游和购物不再是"高消费"。

李慧真：所以以前很多中国游客是只看不买，而现在更多人来韩国就是为了购物。

金知恩：韩国服装、化妆品、健康食品等对中国游客都很有吸引力。

姜韩彬：原因是近几年"韩流"在中国受到关注和欢迎，韩国游成了他们体验韩国文化最直接的方式。

王老师：以上讨论大家从社会、经济发展和文化交流等几个方面进行了分析，分析得非常好。

주요표현과 문법 2

1. "百分之~"구조

"**百分之~**", "**~成**"구조는 퍼센트를 나타낸다.

中国游客数量已经远远超过了日本游客, 占外国游客的**百分之五十以上**。
我们学校有三百五十名外国留学生, 其中大约**45%**是中国留学生。
2014年中国游客突破五百万, 比前一年增加**四成(40%)**。
来这家餐馆吃饭的人, 有**五六成(50~60%)**是回头客。

2. 접속사 "以便~"

"**以便~**"은 두 문장 중 뒷 문장의 앞에 쓰여 하고자 하는 목적이 쉽게 달성됨을 나타낸다.

很多商家经营的内容和方式都不断在改变, **以便**迎合中国游客的购物需求。
很多整形医院提供一条龙的便利服务, **以便**争取中国顾客。
我们把照片载到网上, **以便**大家分享。
请您留下电话和住址, **以便**我们跟您联络。

본문 ②

王老师 ：下面我们来讨论一下，中国游客增加对韩国有什么影响？

金知恩 ：首先是刺激了韩国旅游业的发展。现在中国游客数量已经远远超过了日本游客，占外国游客的百分之五十以上，同时又是最高消费群体。

姜韩彬 ：中国游客增加影响到的不仅仅是旅游业。韩国政府放宽了中国人办理签证的条件，比如简化签证手续、济州岛旅游免签证等。

金知恩 ：听说很多中国人在济州岛和釜山等地投资、买房置地，还拿到了在韩国的永久居住权。

李慧真 ：在首尔的明洞、新村，釜山的海云台、南浦洞等地方，很多商家经营的内容和方式都不断在改变，以便迎合中国游客的购物需求。

姜汉彬 ：随着中国人游客的增加，韩国人有更多的机会近距离接触中国人，这自然会加深韩国人对当代中国的了解。

金知恩 ：还有一点，就是像我们这样的人才也变得更加炙手可热了。

李慧真 ："我们"？

金知恩 ：像我们这样即懂汉语又懂韩国语的人才呀！

王老师 ：说得对！

金知恩：而且韩国人和中国人在待人接物方面差别不太大。你们交往一段时间后，如果你觉得他人很好，把他介绍给你父母的话，我想你父母也会欣赏他的。

吴小莹：你说得对。咦，你怎么好像"恋爱专家"一样什么都懂？

연습문제

01 녹음을 듣고 다음 단어에 해당하는 한자를 쓰십시오.

(1) mǎnyìdù

(2) qiānzhèng

(3) fàngkuān

(4) jiēchù

(5) zhìshǒukěrè

(6) zhúniándìzēng

02 다음 틀린 문장을 바르게 고치십시오.

(1) 我看的这个电影觉得很有意思。

(2) 不但他是我的同学, 而且是我的朋友。

(3) 我昨天见面了我的朋友在饭店里。

연습문제

03 알맞은 표현을 빈칸에 쓰십시오.

篇	上涨	百分之	随着

(1) 秋季房价可能会 ______ 。

(2) 这部小说由七 ______ 组成。

(3) ______ 时代的不同, 风俗也不同了。

(4) 这件事我有 ______ 百的把握, 准能成功。

04 자신의 생각을 말해 보시오.

(1) 중국 관광객들이 점차 증가하는 문제에 대하여 이 수업을 하기 전과 하고 난 후의 자신의 생각이 어떻게 다른지 말해 봅시다. (上这个讨论课之前和之后, 你对中国游客增多这个问题的看法有什么不同?)

(2) 중국 관광객들의 통계수치를 조사한 후, 자신의 견해에 대해 말해 봅시다. (请查找一些关于中国游客的数据, 用来说明你的看法。)

WORKBOOK

01 다음 주어진 표현을 활용하여 알맞은 문장을 완성해 보시오.

(1) A：你身体怎么一下子变得这么棒?

B：我每天 ______________。(锻炼)

(2) A：你戒烟有多长时间了?

B：______________，我就再没抽过。(从…起)

(3) A：你有没有 ______________?(时间)

B：对不起，我今天太忙了。

02 다음 표현들을 어순에 맞게 쓰십시오.

(1) 是 / 他 / 专门 / 个 / 中国 / 画 / 画 / 画家 / 的

____

(2) 没有 / 去 / 他 / 个 / 了 / 几 / 也 / 找到 / 工作 / 一连 / 公司

____

(3) 下午 / 有空儿 / 你 / 话 / 我 / 趟 / 办公室 / 来 / 的 / 一

____

03 다음 문장을 중국어로 바꾸어 보십시오.

(1) 내일 일찍 출발하기 편하도록 오늘 저녁에 준비를 다 했어요.

(2) 그는 어디를 가나 인정을 받아요.

(3) 나도 모를 뿐만 아니라 그 역시 모른다.

10

什么时候能吃你们的喜糖呢?

언제 당신들의 결혼사탕을 먹을 수 있을까요?

학 습 목 표

결과표현 2	시간과 장소를 나타내는 보어들
유일조건표현	"除非~"
결과표현 3	"因此"
과거경험표현	"曾~过"

새로운 낱말

婚纱照	hūnshāzhào	명 웨딩사진
亲戚	qīnqī	명 친지, 친척
主持	zhǔchí	명/동 사회자/사회를 보다
新郎	xīnláng	명 신랑
新娘	xīnniáng	명 신부
礼服	lǐfú	명 예복
西装	xīzhuāng	명 양복
长辈	zhǎngbèi	명 집안어른, 연장자
婚宴	hūnyàn	명 결혼피로연
韩侨	hánqiáo	명 한국계 교민
面条	miàntiáo	명 국수
糖	táng	명 사탕
风俗	fēngsú	명 풍습, 풍속
墙	qiáng	명 담장, 울타리
工艺	gōngyì	명 공예
碗筷	wǎnkuài	명 밥공기와 젓가락

새로운 낱말

行礼	xínglǐ	동 경례하다, 절하다
敬酒	jìngjiǔ	동 술을 올리다
招待	zhāodài	동 접대하다, 대접하다
祝福	zhùfú	동/명 축복하다, 기원하다 / 축하, 축복
贴	tiē	동 붙이다
甜甜蜜蜜	tiántiánmìmì	형 달콤하다
曾	céng	부 일찍이, 이미
除非	chúfēi	접 오직 ~하여야(비로소)
因此	yīncǐ	접 이로 인하여, 이 때문에
度蜜月	dùmìyuè	신혼여행을 가다
原来如此	yuánláirúcǐ	알고 보니 과연 그렇다
双喜临门	shuāngxǐlínmén	겹경사가 나다

표현 익히기

주요 표현을 함께
만들어 보아요.

1

신부를 축하하러 온 친지와 친구분들은 오른쪽에 앉으세요.

来给新娘祝贺的 ______ 坐在右边。

qīnpénghǎoyǒu

2

피로연장에서 신랑과 신부가 손님들께 술을 권합니다.

婚宴上新郎新娘要 ______ 客人 ______ 。

gěi　　　　jìngjiǔ

3

예전에 한국에서는 결혼식에서 보통 손님들에게 국수를 대접합니다.

以前韩国的婚宴上经常是 ______ 客人吃面条。

zhāodài

4

사탕을 먹는 것은 신랑과 신부의 생활이 달콤하기를 축복함을 나타냅니다.

吃糖是 ______ 祝福新郎新娘生活 ______ 。

biǎoshì　　“tiántianmìmì”

주요표현과 문법 1

1. 시간과 장소를 나타내는 보어

보어의 종류는 아주 다양하다. 그 중 "**在**"나 "**到**" 등은 동작과 관련 있는 시간과 장소를 나타낸다.

新郎家的亲戚和客人是坐**在**左边, 来给新娘祝贺的亲朋好友坐在右边。(장소)

我印象最深的是贴**在**墙上的红色"囍"字。(장소)

这个事件发生**在**上世纪七十年代。(시간)

他跑到终点就倒**在**地上了。(장소)

2. 유일조건표현 : "除非~"

접속사 "**除非**"는 유일하거나 필수의 조건을 나타내며, "**只有**"의 의미와 같다. 이어지는 뒷 문장에는 보통 "**不然**", "**否则**", "**才**" 등과 호응한다.

除非是亲眼看一看、亲身体验一下, **不然**很难真正理解。

除非你陪我, **不然**我不去。

除非亲眼看到, **否则**我不会相信。

除非我们答应了他开的条件, 他**才**肯跟我们合作。

본문 ①

(지은이의 친한 친구인 진아의 결혼식에 소영이도 함께 따라갔다.)

吴小莹：哇, 婚纱照真是又浪漫又漂亮啊！

姜韩彬：今天来的客人真不少, 座位都坐满了。

金知恩：一般是新郎家的亲戚和客人坐在左边, 来给新娘祝贺的亲朋好友坐在右边, 中间是婚礼主持的位置。

吴小莹：我在电视里看到韩国婚礼穿的是传统礼服, 可是刚才看到新郎新娘穿的是西装和婚纱呀。

姜韩彬：现在韩国婚礼一般分两部分。先穿西装婚纱举行婚礼, 然后换上传统的礼服向两家的长辈行礼。

金知恩：最后还有婚宴, 婚宴上新郎新娘要给客人敬酒。婚礼结束后, 一对新人去度蜜月。

姜韩彬：珍雅和新郎去哪里度蜜月？

金知恩：他们去日本, 听说新郎是日本韩侨。

吴小莹：韩国传统文化在书本上、电视上都有介绍, 可是对外国人来说, 除非是亲眼看一看、亲身体验一下, 不然很难真正理解。

結婚式

주요표현과 문법 2

1. 결과표현 : "因此"

접속사 "**因此**"는 '이 때문에'라는 의미로, 뒤에 결과를 나타내는 문장이 이어진다. "**所以**"와 그 용법이 같다.

以前韩国的婚宴上经常是招待客人吃面条, **因此**习惯上问"什么时候能吃你们的面条？"

航班延误导致美国队不能如期抵达北京, **因此**这场中美篮球比赛推迟到下周举行。

学什么专业关系到将来的就业, **因此**你应该认真慎重地选择。

他不肯听别人的劝告, **因此**错过了机会。

2. 과거경험표현 : "曾~过"

부사 "**曾**"이나 "**曾经**"은 과거의 경험을 나타내며, 뒤에 '무엇을 한 적 있다'라는 내용과 호응한다. 부정형식은 "**不曾**"이나 "**未曾**"이며, 그 중 "**不曾**"은 회화에 주로 쓰인다.

在中国留学时我也**曾**参加**过**朋友的婚礼。

以前我们**曾经**在北京一起工作**过**三年。

我不**曾**做**过**任何昧良心的事情。

未**曾经**历**过**风雨, 怎可能见到彩虹？

본문 ②

吴小莹：用韩语问“你们什么时候结婚？”时，为什么通常说“什么时候能吃到你们的面条？”

金知恩：以前韩国的婚宴上经常是招待客人吃面条，因此习惯上问“什么时候能吃到你们的面条？”

吴小莹：原来如此。

金知恩：跟汉语的“什么时候能吃你们的喜糖？”“什么时候去喝你们的喜酒”一样。

吴小莹：在中国婚礼上新郎新娘也是要向客人敬酒的。
吃糖是表示祝福新郎新娘的生活“甜甜蜜蜜”。

金知恩：这些风俗习惯在语言表达上很有意思。

姜韩彬：在中国留学时我也曾参加过朋友的婚礼，印象最深的是贴在墙上的红色“囍”字。在一些韩国传统工艺碗筷上有这个字，婚礼上也看到过这个字，但是以前不太理解是什么意思。
学了汉字、看了中国的婚礼后我才明白这个字是表示“双喜临门”，结婚是新郎新娘两家人的喜事。

金知恩：韩彬、小莹，那我什么时候能吃到你们的喜糖呢？

姜韩彬：我心里也着急呀，不过能不能请你吃喜糖，我要去上海见了小莹的父母才能知道。

金知恩 ：那赶紧订明天的机票去上海呀！

姜韩彬 ：哈！别开玩笑了，小莹脸都红了。

연습문제

01 녹음을 듣고 다음 단어에 해당하는 한자를 쓰십시오.

(1) hūnshāzhào

(2) zhǎngbèi

(3) tiántianmìmì

(4) dùmìyuè

(5) yuánláirúcǐ

(6) shuāngxǐlínmén

02 다음 틀린 문장을 바르게 고치십시오.

(1) 我呆不了很长时间，左右三天就回来。

(2) 你放心吧，他回来以后马上我告诉他。

(3) 我打算明年去中国学习，和看看中国有名的地方。

연습문제

03 알맞은 표현을 빈칸에 쓰십시오.

还有	除非	招待	贴

(1) 这个字写错了, ______ 标点用得也不对。

(2) 大门两侧 ______ 着一副春联。

(3) ______ 修个水库, 才能更好地解决灌溉问题。

(4) 他们 ______ 我们, 我们才能去访问。

04 자신의 생각을 말해 보시오.

(1) 한국이나 중국의 결혼풍습 중 하나를 골라서 결혼식의 어느 부분이 가장 재미가 있는지에 대해 말해 봅시다. (请在韩国或者中国的婚礼风俗中选择一个, 并说明婚礼的哪一部分让你觉得最有意思。)

WORKBOOK

01 다음 주어진 표현을 활용하여 알맞은 문장을 완성해 보시오.

(1) A：我对 ______________________ 。(表示)

B：别客气。我没帮你什么。

(2) A：来找我的那个人多大岁数？长得什么样子？

B：______________________ 。(来 / 多 / 左右)

(3) A：他很懒，每天都睡懒觉，上课常常迟到。

B：______________________ 。(像…一样)

02 다음 표현들을 어순에 맞게 쓰십시오.

(1) 而 / 经济的 / 随着 / 生活 / 提高 / 水平 / 人民的 / 发展

____

(2) 我 / 参加 / 联欢会 / 中国 / 的 / 学生 / 一个 / 明天 / 要

____

(3) 宿舍 / 她 / 的 / 家人 / 照片 / 知恩 / 墙 / 着 / 上 / 贴 / 的

____

03 다음 문장을 중국어로 바꾸어 보십시오.

(1) 제가 당신에게 술 한 잔 드리겠습니다. 건배합시다.

(2) 그는 어려서부터 열심히 공부하여서 나중에 유명한 과학자가 되었어요.

(3) 몇 년 전에 저는 그녀를 한 번 만난 적이 있어요.

11

这是中国网络上的流行语。

이것은 중국 인터넷 상의 유행어에요.

학습목표

결과표현 4	"동사/형용사+得+谁+어떠하다"구조
목적표현 2	"以免"
가능표현	"~得了"/"~不了"
비교와 선택표현	"不如"

새로운 낱말

沙发	shāfā	명 쇼파, 인터넷유행용어 "so fast"의 음역
网络	wǎngluò	명 네트워크, 웹
流行语	liúxíngyǔ	명 유행어
恶言	èyán	명 악언, 거친 말, 악플
感想	gǎnxiǎng	명 감상, 느낌, 소감
法庭	fǎtíng	명 법정
典礼	diǎnlǐ	명 의식, 행사
群	qún	명 단체, 그룹
电子邮箱	diànzǐyóuxiāng	명 E-Mail
回帖/跟帖	huítiē / gēntiē	동 댓글을 달다
音译	yīnyì	동 음역하다
生怕	shēngpà	동 몹시 두려워하다, 매우 걱정하다
惹	rě	동 불러일으키다, 야기하다
引起	yǐnqǐ	동 (주의를) 끌다, 야기하다
攻击	gōngjī	동 공격하다
嫁	jià	동 시집가다, 출가하다

새로운 낱말

严重	yǎnzhòng	형 위급하다, 심각하다
荣幸	róngxìng	형 매우 영광스럽다
谨慎	jǐnshèn	형 (언행이) 신중하다
不得不	bùdébù	부 어쩔수 없이, 부득불
以免	yǐmiǎn	접 ……하지 않도록
微信	Wēixìn	고유 위챗 (중국 모바일 메신저)
谷歌	Gǔgē	고유 구글(Google)
一头雾水	yìtóuwùshuǐ	갈피를 잡을 수 없다
博客日志	bókèrìzhì	블로그 일지
提心吊胆	tíxīndiàodǎn	매우 두려워하다, 안절부절하다
无理取闹	wúlǐqǔnào	일부러 소란을 피우다
出口伤人	chūkǒushāngrén	말로 남을 해치다, 말이 거칠다
打官司	dǎguānsi	소송하다, 재판을 걸다

이것은 중국 인터넷 상의 유행어에요.

1

그녀는 어쩔 수 없이 블로그를 닫아 버렸어요.

她 ______ 把博客关掉了。

bùdébù

2

심각한 인신공격으로 인해 법정에서 소송을 하는 예가 적지 않아요.

严重的还有人身 ______，到法庭上 ______ 的例子也不少。

gōngjī　　dǎguānsī

3

이준은 취직을 해서 곧 중국으로 돌아갈 예정이에요.

李俊 ＿＿ 了一份工作，很快 ＿＿ 回中国 ＿＿。

zhǎodào　　jiùyào　　le

4

저도 위챗을 사용하니까 우리 그룹을 만드는 게 어때요?

我也 ＿＿ 微信，我们建一个 ＿＿ 怎么样？

yòng　　qún

주요표현과 문법 1

1. "동사/형용사 + 得 + 谁 + 어떠하다" 구조

이 구조는 어떤 사건이 만들어 낸 결과나 영향을 나타낼 수 있다. 여기서 어떠한 사건은 "**谁**"에 대해 '어떠하게 만들다'는 사역의 의미를 갖는다.

你们说的"沙发"是什么意思？**听得我一头雾水。**(갈피를 잡을 수 없게 만듬)

事出突然, **急得我出了一身汗。**(급해서 땀이 나게 만듬)

零下二十多度, **冷得我直打哆嗦。**(추워서 떨게 만듬)

碰到这样倒霉的事, **弄得他心里不痛快。**(불쾌하게 만듬)

2. 목적표현 2 : "以免"

접속사 "**以免**"은 "…하지 않도록"의 뜻으로, 나타내고자 하는 목적은 어떠한 사건의 발생을 피하기 위함이다. "以便"은 반대 의미로, 어떠한 일이 일어나길 바라거나 어떠한 목적이 달성되길 바란다는 의미이다.

写博客日志时用词、选照片都要谨慎小心, **以免**惹来恶言攻击。

最好是早点出发, **以免**塞车。

最好不要乱讲话, **以免**祸从口出。

你要谨慎行事, **以免**招来非议。

본문 ①

金知恩：小莹，你写的博客日志，介绍韩国的婚礼，文章加上照片，很不错。

吴小莹：谢谢你来坐沙发。

金知恩：很荣幸。

姜韩彬：你们说的“沙发”是什么意思？听得我一头雾水。

吴小莹：这是中国网络上的流行语。看了博客日志，第一个在下面回帖的人，‘so fast’，汉语音译成“沙发”。

이것은 중국 인터넷 상의 유행어에요.

金知恩：我第一个回帖，就是坐了一回沙发。

姜韩彬：有意思。现在网络流行语那么多，变化又很快，
一个星期不上网，好多词就看不懂了。

吴小莹：有很多人看我的博客当然好，不过有时候也是提心吊胆的，
生怕惹人恶言跟贴。

金知恩：有些人在网上无理取闹，出口伤人，确实成了社会问题。
前不久我一个朋友在博客日志里写了听一首流行歌的感想，
没想到引起一些歌迷的恶言攻击，结果她不得不把博客关掉了。

姜韩彬：严重的还有人身攻击，到法庭上打官司的例子也不少。

吴小莹：所以写博客日志时用词、选照片都要谨慎小心，以免惹来恶言攻击。

주요표현과 문법 2

1. 가능보어 : "~得了/~不了"

"**得了**(liǎo)"는 동사 뒤 가능보어 구조로 쓰여서, 동작이 완성 가능하거나 동작목적의 달성이 가능함을 나타낸다. 하지만 실질적으로 중국어에서는 '가능하지 않다'라는 부정형식인 "~**不了**"가 훨씬 더 많이 쓰인다.

我用的是gmail, 在中国用不了。

这么多, 我一个人怎么吃得了? (혼자 먹을 수 없다)

他突然有急事, 来不了了。

这完全是人类的幻想, 根本实现不了。

2. 비교와 선택표현 : "不如"

비교문의 부정형식인 "**A 不如 B~**"에서 "**不如**"의 용법은 비교의 "**没有**"와 동일하며, 서로 호환 가능하다. "**不如**"의 또 다른 용법으로는 서로 비교하여 선택하는 것으로, "**不如**"의 뒤에 좀 더 좋은 선택사항이 오며 건의의 어감이 따라오기도 한다.

我学习不如她那么用功。 (비교)

五年太久了, 不如三年后相聚如何? (건의)

我们不如建一个微信群, 怎么样? (건의)

这个时间车堵得很厉害, 不如我们坐地铁去。 (더 좋은 선택)

본문 ②

姜韩彬：李俊找到了一份工作，很快就要回中国了。

金知恩：真的！什么时候回国？

李　俊：2月下旬，参加了毕业典礼就回去。

金知恩：我们怎么跟你联络呢？

李　俊：我跟中国朋友用微信联络，跟韩国朋友用Kakaotalk。

姜韩彬：我也用微信，我们建一个群怎么样？可以随时联络，互通信息。

李　俊：好主意。另外我还要换一个电子邮箱，稍后再告诉你们新的地址。

金知恩：为什么要换邮箱?

李　俊：我用的是gmail，在中国用不了。

姜韩彬：是因为谷歌退出了中国市场，gmail、facebook在大陆就不能用了。

金知恩：我们约定五年后再相聚，怎么样？

姜韩彬：五年太久了。中国和韩国距离这么近，不如三年后相聚如何？

金知恩：一言为定！三年后李俊一定要带女朋友来。

姜韩彬：带太太来更好。

李　俊：那时知恩你也要把自己嫁出去哟。

金知恩：没问题。我们加油吧！

中国
TALK

연습문제

01 녹음을 듣고 다음 단어에 해당하는 한자를 쓰십시오.

(1) wǎngluò

(2) róngxìng

(3) jǐnshèn

(4) yìtóuwùshuǐ

(5) tíxīndiàodǎn

(6) wúlǐqǔnào

02 다음 틀린 문장을 바르게 고치십시오.

(1) 他曾经在北京里学习过很长时间汉语。

(2) 这只是我们的计划，能通过要看经理的意思。

(3) 虽然我已经毕业了，但是一定能做好这份工作的。

연습문제

03 알맞은 표현을 빈칸에 쓰십시오.

荣幸	~得了	不得不	确实	~不了

(1) 他们的水平 ________ 是比过去高了。

(2) 我们能见到您, 感到十分 ________ 。

(3) 一回拿 ________ , 两回拿也许拿 ________ 。

(4) 我们 ________ 等了一个星期才拿到了结果。

04 자신의 생각을 말해 보시오.

(1) 두 사람이 한 조가 되어, 인터넷 유행어를 각각 세 가지를 제출하여 상대가 무슨 의미인지 추측하게 합니다. 상대가 한 단어를 맞추면 그에게 그 단어를 이용하여 문장을 만들게 하고, 만약 상대가 맞추지 못하면 당신이 그 단어를 이용해 문장을 하나 만들어 힌트를 준 후, 상대가 다시 추측하도록 합니다. (两人一组, 每个人写出三个网络流行语, 让对方猜是什么意思。如果对方猜到了一个词, 请他用这个词造一个句子；如果对方没有猜到这个词的意思, 请你用这个词造一个句子, 让对方再次猜是什么意思。)

(2) 4~5명이 한 조가 되어, 각 조가 휴대폰을 이용해 위챗 그룹을 만들어 얘기해 봅시다. (四五个人一组, 每组用手机建一个微信群, 并给其你们的群起一个名字。然后用文字聊天, 记录下大家聊天的内容。)

WORKBOOK

01 다음 주어진 표현을 활용하여 알맞은 문장을 완성해 보시오.

(1) A：我昨天送一个朋友去机场，所以没来上课。

B：＿＿＿＿＿＿＿＿＿＿＿＿＿＿。(原来)

(2) A：李俊和他的女朋友毕业以后怎么样了？

B：＿＿＿＿＿＿＿＿＿＿＿＿＿＿。(结果)

(3) A：你的身体真棒，每天都锻炼吗？

B：＿＿＿＿＿＿＿＿＿＿＿＿＿＿。(平时)

02 다음 표현들을 어순에 맞게 쓰십시오.

(1) 被 / 他 / 小偷 / 钱包 / 的 / 偷 / 了 / 走

＿＿＿＿＿＿＿＿＿＿＿＿＿＿＿＿＿＿

(2) 一点儿 / 事 / 我 / 他 / 好 / 件 / 这 / 不 / 更 / 觉得 / 还是 / 告诉

＿＿＿＿＿＿＿＿＿＿＿＿＿＿＿＿＿＿

(3) 整理 / 现在 / 吧 / 我们 / 把 / 这些 / 东西 / 一下 / 就

＿＿＿＿＿＿＿＿＿＿＿＿＿＿＿＿＿＿

03 다음 문장을 중국어로 바꾸어 보십시오.

(1) 교통에 방해되지 않도록 자전거는 보관소에 두어야 해요.

(2) 할 일이 많아서 올해 설날에는 집에 돌아가지 못 할 것 같아요.

(3) 나는 인터넷을 통해서 국내외의 친구들과 채팅을 해요.

12

复习 복습

학 습 목 표

7 ~ 11과의 표현을 복습하기	7 ~ 11과의 문법을 복습하기

필수어휘

一辈子	yíbèizi	명 한 평생, 일생
自助游	zìzhùyóu	명 자유여행
导游	dǎoyóu	명 가이드, 관광 안내원
时尚	shíshàng	명 최신 유행, 시류
满意度	mǎnyìdù	명 만족도
数据	shùjù	명 데이터, 통계수치
群体	qúntǐ	명 단체, 집단
签证	qiānzhèng	명 비자
婚纱照	hūnshāzhào	명 웨딩사진
婚宴	hūnyàn	명 결혼피로연
韩侨	hánqiáo	명 한국계 교민
网络	wǎngluò	명 네트워크, 웹
解腻	jiěnì	동 느끼함을 없애다
根据	gēnjù	동 근거하다, 의거하다
遗憾	yíhàn	동 유감이다, 섭섭하다
眺望	tiàowàng	동 멀리서 바라보다
感受	gǎnshòu	동 (영향을) 받다, 느끼다
关注	guānzhù	동 주시하다, 관심을 가지다
刺激	cìjī	동 자극하다, 북돋우다
放宽	fàngkuān	동 완화하다, 늦추다
投资	tóuzī	동/명 투자하다, 투자
接触	jiēchù	동 접촉하다, 닿다
加深	jiāshēn	동 깊어지다, 심화하다
行礼	xínglǐ	동 경례하다, 절하다
敬酒	jìngjiǔ	동 술을 올리다
招待	zhāodài	동 접대하다, 대접하다
生怕	shēngpà	동 몹시 두려워하다, 매우 걱정하다
惹	rě	동 불러일으키다, 야기하다
攻击	gōngjī	동 공격하다
值得	zhíde	조동 ……만한 가치가 있다

挑剔	tiāotī	형 (결점, 잘못 등을) 트집잡다
险要	xiǎnyào	형 험준하고 중요하다
数不胜数	shǔbúshèngshǔ	형 셀레야 셀 수 없다
绮丽	qǐlì	형 산뜻하고 아름답다
炙手可热	zhìshǒukěrè	형 손을 데일만큼 뜨겁다
荣幸	róngxìng	형 매우 영광스럽다
谨慎	jǐnshèn	형 (언행이) 신중하다
自然而然	zìránérrán	부 자연히, 저절로
根本	gēnběn	부 전혀, 도무지, 아예
顺便	shùnbiàn	부 …하는 김에
曾	céng	부 일찍이, 이미
非但~	fēidàn~	접 비단 ~일 뿐 아니라
以便	yǐbiàn	접 ~하기 편하게
除非	chúfēi	접 오직 ~하여야(비로소)
因此	yīncǐ	접 이로 인하여, 이 때문에
以免	yǐmiǎn	접 ……하지 않도록
篇	piān	양 (문장, 종이 등을 세는 단위) 편
一言为定	yìyánwéidìng	한 마디로 약속하다
众口难调	zhòngkǒunántiáo	모든 사람들을 만족시키기 어렵다.
心里有底儿	xīnlǐyǒudǐr	마음 속 자신이 있다
逐年递增	zhúniándìzēng	점점 증가하다
原来如此	yuánláirúcǐ	알고 보니 과연 그렇다
双喜临门	shuāngxǐlínmén	겹경사가 나다
一头雾水	yìtóuwùshuǐ	갈피를 잡을 수 없다
提心吊胆	tíxīndiàodǎn	매우 두려워하다, 안절부절하다
无理取闹	wúlǐqǔnào	일부러 소란을 피우다
出口伤人	chūkǒushāngrén	말로 남을 해치다, 말이 거칠다

필수표현

1. 비교표현 : "而"

周末我爸爸喜欢爬山等户外活动, **而**妈妈喜欢在家里呆着。
中国北方人喜欢吃面食, **而**南方人喜欢吃米饭。

2. 관용표현 1 : "不在话下"

姜韩彬多才多艺, 唱歌、跳舞、做菜都**不在话下**。
金知恩很有语言天赋, 汉语、日语、英语都**不在话下**。
他翻译过好几本书, 要翻译这篇小文章**不在话下**。

3. 판단표현 : "根据"

根据中央电视台的报道, 中国经济增长速度比去年同期稍缓。
据说这个学校有百年的历史。
据调查韩国济州岛成为中国人海外旅游和地产投资的热点之一。

4. 관용표현 2 : "心里有底儿"

听你这么一介绍, 我**心里**就**有底儿**了。
这次考试我一点儿没准备, 能不能考好**心里**真是**没底儿**。

5. 가치표현 : "值得"

这是一个**值得**珍藏的礼物。
这点儿小事不**值得**计较。

6. 자격표현 : "以~著名"

九寨沟**以**高山湖泊的绮丽风景**著名**, 是中国西部的观光热点。
中国桂林**以**喀斯特地形形成的山水美景**著称**, 因此有"桂林山水甲天下"之说。
山东曲阜**以**孔府**闻名天下**。

7. 강조표현 : "那才~"

这里的景色算不了什么, 要登上黄山山顶看云海, **那才**算是美。
去年我们在中国喝的茅台酒, **那才**叫好酒。
上次我们去的那家餐馆, **那才**叫正宗的中国菜。

8. 방향보어의 파생의미 2 : "~上"

他什么忙也帮不**上**, 心里很着急。
坐**上**火车, 他才突然想起忘了带照相机。

9. "非但~"

他做错了事, **非但**不道歉, **反而**找借口为自己辩解。
他买了一些股票, **非但**没挣到钱, **反而**把本钱都赔光了。
这么做**非但**不能解决问题, **反而**会把问题弄得更复杂。

10. 피동표현 : "受~"

他小时候又瘦又小, 在学校经常**受**欺负。
这个公司被人告发有假帐问题, 正在接**受**调查。
弟弟期末考试有两门不及格, 回家**挨**了妈妈一顿骂。
很多人**遭**杀害, 为国家独立牺牲了。

11. 비율표현 : "百分之~"

中国游客数量已经远远超过了日本游客, 占外国游客的**百分之五十以上**。
我们学校有三百五十名外国留学生, 其中大约**45%**是中国留学生。
2014年中国游客突破五百万, 比前一年增加**四成**。

12. 목적표현 1 : "以便~"

很多商家经营的内容和方式都不断在改变, **以便**迎合中国游客的购物需求。
很多整形医院提供一条龙的便利服务, **以便**争取中国顾客。
我们把照片载到网上, **以便**大家分享。

13. 결과표현 2 : 시간과 장소를 나타내는 보어들

新郎家的亲戚和客人是坐**在**左边, 来给新娘祝贺的亲朋好友坐在右边。
我印象最深的是贴**在**墙上的红色"囍"字。
这个事件发生**在**上世纪七十年代。

14. 유일조건표현 : "除非~"

除非你陪我, **不然**我不去。
除非亲眼看到, **否则**我不会相信。

除非我们答应了他开的条件，他**才**肯跟我们合作。

15. 결과표현 3："因此"

航班延误导致美国队不能如期抵达北京，**因此**这场中美篮球比赛推迟到下周举行。
学什么专业关系到将来的就业，**因此**你应该认真慎重地选择。
他不肯听别人的劝告，**因此**错过了机会。

16. 과거경험표현："曾~过"

以前我们**曾经**在北京一起工作**过**三年。
我不**曾**做**过**任何昧良心的事情。
未**曾经**历**过**风雨，怎可能见到彩虹？

17. 결과표현 4："동사 / 형용사 + 得 + 谁 + 어떠하다"구조

事出突然，**急得我出了一身汗**。
零下二十多度，**冷得我直打哆嗦**。
碰到这样倒霉的事，**弄得他心里不痛快**。

18. 목적표현 2："以免"

写博客日志时用词、选照片都要谨慎小心，**以免**惹来恶言攻击。
最好不要乱讲话，**以免**祸从口出。
你要谨慎行事，**以免**招来非议。

19. 가능표현："~得了 / ~不了"

这么多，我一个人怎么吃**得了**？
他突然有急事，来**不了**了。
这完全是人类的幻想，根本实现**不了**。

20. 비교와 선택표현："不如"

五年太久了，**不如**三年后相聚如何？
我们**不如**建一个微信群，怎么样？
这个时间车堵得很厉害，**不如**我们坐地铁去。